ce qui advient

Collection « encre marine »
ISBN : 978-2-35088-011-2

kostas axelos

ce qui advient

fragments d'une approche

encre marine

Sommaire

Liminaire

IL Y VA PRINCIPALEMENT de *ce qui advient* et non pas de tel ou tel advenir, de tel ou tel devenir ou du devenir en général. Ce qui devient n'*est* pas, sans pour autant être un non-être. Il y a ce qui advient. Cela ne se dilue pas dans un vague devenir. Le *même* advenir contient les possibilités de différencier ce qui devient. Advenu, advenant et à venir, en chacun de ses lieux, en chacun de ses moments, il advient comme ce qui omnitemporellement s'approche et reste non-dit, impliqué dans le vide et l'impliquant, animant le dire et l'agir qui également le façonnent. Ce qui advient se tient lié avec ce qui ne nous quitte pas, malgré et avec toutes les actions et les omissions quotidiennes et transquotidiennes. Si la fiction lui prête ses vêtements qui finissent par faire corps avec lui, rien ne l'arrête quand il assume le rien, mais son mouvement à jamais sans repos le tient lui-même, ainsi que les êtres et les choses, toujours fragmentaires, en suspens et c'est cela que l'on peut tenter de dire affirmativement.

I. Ce qui s'approche

I

CE QUI S'APPROCHE n'est pas séparable de nos approches, encore qu'il les surpasse. Pendant que nous, nous qui nous cherchons, tentons nos approches, essayons de saisir ce qui vient à notre rencontre, ce qui advient, l'advenir lui-même nous comprend et nous dépasse. Dans la rencontre il y a, à la fois, proximité et éloignement, ouverture et fermeture. Ce qui nous meut et nous fait advenir, plus fort que nous-mêmes, fait partie de l'advenir qui nous subjugue. Approches de l'advenir est un génitif subjectif et objectif qui dit ce qui provient, vient, survient, devient, c'est-à-dire ce qui advient, qui signifie tout en un et l'homme et la constellation dans laquelle celui-ci est inclus. Ces approches sont certes tentées ou effectuées par « nous », nous qui accueillons et transfigurons ce qui s'approche, en même temps visible et invisible.

2

Les paroles qui essayent de dire ce qui s'approche et s'éloigne constituent des fragments. Non pas des fragments isolés, ni des débris des totalités compactes, car même les systèmes et les ensembles englobants demeurent fragmentaires. Les fragments donc – ni réductions, ni signes d'un manque qu'il s'agirait de combler – ont comme vocation de dire le *dicible* de la manière la plus sobre qui accueille toute la poéticité possible. Les aphorismes en question sont affirmatifs. Ayant traversé et assumé questions et réponses, ils les incluent et leur correspondent affirmativement. Approchants et approchés, nous aussi demeurons des fragments appelés à affirmer et non pas seulement à nier.

3

Pour outrepasser la « totalité » et les totalisations, l'éparpillement et les coups d'œil superficiels, cette écriture pensante, cohérente et ouverte doit abandonner à leur sort les constructions et les réflexions qui planent. Les fragments et les systèmes n'existent pas partout et toujours. Héraclite et Pascal ne rédigent pas des aphorismes. Ils visent un livre entier. L'écriture fragmentaire est récente. Tous les penseurs n'édifient pas des systèmes. Certes Leibniz, Kant, Hegel bâtissent des systèmes, néanmoins toute pensée serrée n'obéit pas à la loi du système. Comme nous ne pouvons plus penser en construisant des systèmes ou nous mouvoir dans les ruines des systèmes, nous ne pouvons pas non plus aligner des aphorismes épars et variés. En deçà et au-delà de la distinction rigide entre système et fragments, l'écriture qui nous requiert ne peut pas toujours éviter les formulations contradictoires. Elle peut cependant les faire parler, les éclairer, les assumer, sans les noyer dans une synthèse, car elles restent vivaces et font signe. Cette même écriture ne peut pas, non plus, éviter totalement certaines répétitions qui sont des reprises. L'ensemble des ensembles rigoureusement conséquent et arrondi n'existe pas. Nous sommes aux prises avec des éclats – et leur constellation.

4

Du manuscrit d'Héraclite qu'il déposa au temple d'Artémis à Éphèse et qui reliait si profondément le logos et le feu ne nous restent que des fragments. Ce même temple fut incendié par Érostrate qui cherchait ainsi la célébrité. Parmi les fragments nous reste conservé non pas un fragment entier mais un seul mot : ἀγχιβασίη. Il signifie : approche. Avec et par-delà Héraclite nous pourrions dire qu'il signifie à la fois approche et éloignement.

5

La parole devient écriture et celle-ci livre qui est censé réunir la lettre et l'esprit. Ainsi est-on venu à écrire que « Tout existe au monde pour aboutir à un livre » (Mallarmé). Le livre n'est cependant pas la forme définitive de l'accueil et du dépôt. « La philosophie mise en livres a cessé d'interpeller les hommes », écrit Merleau-Ponty. Une écriture qui ne soit plus de l'ordre de la philosophie ou de la littérature se révèle époqualement et transépoqualement nécessaire, accordée à l'avenir qui s'ouvre tardivement et où le livre n'est plus déterminant.

6

Il y va du centre énigmatique de tous les rapports, de tous les renvois, c'est-à-dire du *monde* advenant comme *temps*, n'obéissant à rien qui lui soit extérieur et se déployant comme *jeu*, dit et actionné par ce qui traverse l'homme qui, dans son existence plus qu'individuelle et même plus qu'humaine et dans l'histoire pas simplement universelle, plongé dans l'advenir et l'*errance* orientée, ne peut plus se passer d'affronter le grand *enjeu*, la *technique planétaire*. Il n'y va pas seulement du langage et de la pensée mais autant de l'expérience agie et agissante – pensée et expérience n'étant pas des opposés – qui requiert notre amicalité n'excluant pas le conflit.

7

Le mytho-théo-cosmo-physico-onto-bio-anthropo-psycho-socio-techno-logique avec ses paralogismes domine et perdure. Sans nous quitter, il s'exténue, change, se réforme. Il exige une élucidation de son ensemble et de ses articulations, un surmontement assumant et productif, une polysémie supérieure du dire et du faire, une ouverture intrépide à l'abîme. Cette saisie de ce qui nous saisit ne peut fonctionner que dans l'ajointement de la réceptivité et de l'activité. Tenter de s'accorder à l'incessante transmutation constitue une tâche qui sollicite aussi bien notre féconde inquiétude qu'une problématique et désinvolte sérénité. Tâche qui n'incombe pas seulement à l'avenir.

8

Une pensée plus questionnante, plus énigmatique et plus répondeuse qui prendrait le pouls de l'ère nucléaire et serait capable de faire craquer l'ensemble et les articulations de l'époque mythotechnologique devrait tant que faire se peut éviter les stylisations. Affrontant amicalement la constellation du rapport de tous les rapports, du centre pulsant de l'ensemble éclaté, elle accorderait à l'incalculable toute son importance, sans aucunement chercher à le dompter ou à le fuir. Constituant une approche non constitutionnelle et non institutionnelle de l'irrésistible métamorphose, cette pensée accorderait toute leur importance aux répétitions et aux mutations, mutations qui s'approchent tantôt à pas lents, tantôt de manière brusque. Ce qui vient à notre rencontre, sensiblement ou quasi imperceptiblement, concerne chaque fois, à sa manière, la constellation tout entière de l'espace-temps ; il concerne et ce qui est humain et ce qui ne l'est pas. En tant que tel, il est un mode de manifestation de ce qui advient, car avec lui s'annonce l'oscillation de ce qui arrive, s'instaure, se défait.

9

Ce qui était là, l'est ou le sera, se déploie sous l'horizon du même incluant la différence. Le même a des plans divers, des secteurs et des aspects multiples, de même que nos saisies et approches ne peuvent nullement échapper aux différences qui s'imposent. Tous les liens qui se nouent ont un rapport au même qui prend nécessairement des configurations variées, reste le même et devient malgré tout chaque fois tout autre. Ce qui nous concerne prend des aspects multiples « pour » mieux nous atteindre, nous qui faisons tout pour le fuir. Le possible demeure rivé à l'impossible qui n'épargne ni les êtres ni les choses qui vont à la dérive.

10

Ce qui s'approche dans ses liens insondables avec ce qui advient n'a pas à être affronté avec naïveté ou sophistication. Il exige notre ruse et notre patience. Tout don et toute catastrophe qui garde toujours un aspect obscur font appel à notre générosité, à notre endurance. Il est sans doute difficile de vivre et de penser tout à la fois très chaleureusement et avec une lucidité froide. Les propositions traditionnelles du langage et de la pensée, tout autant que celles qui visent l'orientation de la vie se révèlent insuffisantes. Ce qui accède à un langage non propositionnel et succède aux actions limitées s'efforce de parler autrement, d'inaugurer un autre style de compréhension et d'action où ce qui est et devient reste inséparable de ce qui en est dit.

11

Ce qui s'approche ne se laisse réduire ni à l'être, ni au simple devenir, ni au non-être. Il se déploie selon ses rythmes, unitairement et multiplement, en deçà et au-delà des grandes distinctions et des grandes identifications que sont l'être et la pensée, le logique (le transcendantal) et l'empirique (le sensible), les mots et les choses, l'individu (particulier) et la société (universelle). Il se rapproche de nous inexorablement, et nous sommes nécessaires à son éploiement. Le centre énigmatique, le lien de tous les liens, se manifeste également dans toutes les ramifications et toutes les limitations. Il constitue la constellation des convergences et des divergences et, plein de tensions contraires, s'expose à nos interprétations et nos formulations. Il rend possibles, pourvu que nous ne soyons pas trop malhabiles, l'affirmation et la négation. L'ultime en chacun de nous est appelé à lui correspondre dans l'élan des incessantes métamorphoses. Dans un advenir plein d'aléas et dans une forêt pleine de signes, osons agir en prenant la parole dans l'écheveau des possibilités qu'offrent les moments de chance et les failles des catastrophes.

12

Ce qui se donne à penser et anime l'action qui s'approche ne réside pas dans une projection humaine, résultant elle-même d'une autoposition ; il inclut les dieux, traverse la nature, interpelle l'homme, secoue de fond en comble la technique. Cela, pas plus idéel que réel, ne forme pas un neutre, mais vibre dans les édifices ou même dans les ruines. Il « est » le *plan* où tout se passe, se rend perceptible, restant lui-même inapparent. En lui, gestes historiales et événements historiques se déploient jusqu'à se confondre parfois, pendant que les demeures prétendument stables ne sont pas séparées par un abîme des sites bougeants. L'abîme leur est commun. Les approches que nous tentons de ce qui advient ne doivent pas comprendre le temps comme un écoulement indéfini et indifférencié où tout passe et revient.

La temporalité ne réside pas non plus dans ce qui serait censé s'approcher et se retirer sempiternellement.

13

Sur la terre torturée un appel immémorial reste suspendu entre terre et ciel. Nous percevons quelque chose de son oscillation, mais lui ne parvient pas à se faire entendre distinctement par nous, pas plus que nous ne sommes capables de lui correspondre audacieusement. Cet appel et d'autres appels qui lui font écho nous semblent vagues, confus, diffus. Ils se caractérisent pourtant par une indomptable rigueur.

14

Entendre le bruit des pas de ce qui s'approche, voir l'herbe pousser n'est pas accordé à ceux qui ne mettent pas leur destin en œuvre et en danger, métamorphosant ce qui les commande. Plutôt que de correspondre productivement à ce qui les sollicite et les met en mouvement, ils préfèrent la fuite devant l'inéluctable ou la marche sur place qui ne perturbe pas les lignes qui se déplacent. Prendre le courage de s'ouvrir et de se rendre disponible est malaisé, car nous sommes choisis plus que choisissants, et assumer ce choix demande beaucoup d'ardeur.

15

Ce qui se retire peut souvent laisser des traces profondes qui attendent leur exploration dans un présent et un avenir, le présent jouissant malgré tout d'un privilège, étant ce à partir de quoi nous abordons le passé et nous préfigurons l'avenir. L'avenir, enraciné dans le passé, traverse d'un bout à l'autre le présent et reste ce qui est à venir, à s'approcher, à advenir. L'advenir, tout en se refusant – mais non pas anthropomorphiquement –, est constitué par l'unité du passé-présent-avenir. Il n'est pas une instance première ou dernière, car c'est en et par lui que les instances surgissent, dominent et s'effondrent. Lieux et époques de l'advenir, avec continuité et discontinuité, inspirent les approches de ce qui nous interpelle, certaines de ces approches constituant des moments forts qui émergent en couvrant la trivialité coutumière qui ne peut ni ne veut nous quitter entièrement, que nous ne pouvons ni voulons quitter entièrement, tant sont profonds les secrets que cache la banalité.

16

Ce qui se montre et se dissimule ne se dissimule pas comme un homme qui dissimulerait, qui se dissimulerait. Il demeure dissimulé, à travers ses apparitions, pour nous qui l'approchons. Il se montre également, vivifie notre regard, nos intentions, nos pensées et nos actions, tout cela restant inséparable des tonalités, des dispositions affectives qui sont partout à l'œuvre. Et ce qui fonctionne sans être reconnu, n'accédant pas à la connaissance, au savoir, ne reste pas englouti dans l'abîme de je ne sais quel inconscient, matrice universelle de toutes nos passions, de toutes nos actions.

17

À un niveau pas très élevé, presque tout un chacun « est » et se veut « conscient » de ce qui est établi et de ce qui suit son train et des rouages qui constituent cet état et cette marche. Une ruse bon marché échoit en partage à un grand nombre et cette ruse triviale mais effective est plus répandue qu'on ne le pense. Sous un certain aspect, les gens sont beaucoup plus intelligents et avisés qu'on le croit. Cependant la connaissance et la reconnaissance, la prise en charge de l'expérience de ce qui nous transit demeurent assez superficielles et passablement médiocres, n'engageant pas à une clairvoyance déchirée. Tout, très certainement, suit son cours. Touchés par ce qui advient nous le sommes tous, mais nous préférons en général suivre notre chemin pour ne pas mettre décisivement en question ce qui nous touche et ce à quoi nous désirons échapper. Tout se passe comme si – souvent à notre insu – nous avions décrété intouchable ce qui nous touche vitalement et mortellement. Les grands penseurs n'y échappent pas totalement.

18

Ce qui s'approche, ce qui perdure, ce qui disparaît n'est jamais purement naturel. Pour nous autres hommes, il n'y a jamais du naturel pur. Pour les hommes et depuis qu'il y a des hommes tout est investi d'emblée par l'historial et le social-historique, par ce qu'on nomme platement culturel. Et tant qu'il y aura des hommes et de la technique, il en sera toujours ainsi. De même l'expérience s'outrepasse elle-même et se tient liée à la pensée, et la pensée s'élabore comme expérience médiatisée. De l'immédiat pur, du sensible uniquement sensible, nul parmi les hommes ne peut trouver les traces non médiatisées.

19

Comme ce qui a déjà été et ne cesse d'être, métamorphosé, ce qui est présentement, ce qui s'approche et advient ne concerne pas l'homme en question en tant que sujet (interprétation rétrécissante de l'homme-problème) ni les êtres et les choses en tant qu'objets (interprétation également rétrécissante et de l'humain et de ce qui n'est pas humain), il refuse le nom de réalité (ce qui est structuré logiquement.) Êtres humains – fragments parlants et productifs – et choses – fragments ou ensembles naturels ou produits – se détachent sous un horizon, qui fut appelé métaphysique, qui lui non plus n'est pas l'horizon suprême, mais un horizon limité et découpé qui a son importance, ses conflits, ses compromis. Il y a certes une métaphysique de paroles, de gestes, de rapports à..., constituant l'orientation de ces paroles, de ces actions, de ces rapports, qui a son histoire. Cette métaphysique est aussi bien préphysique que métaphysique. La métaphysique en tant que pensée élaborée, articulée, explicite et formulée, encore qu'elle laisse bien des « choses » en dehors d'elle, présuppose une certaine activité ainsi que des paroles « pratiques » ; elle vient après les mythes et les théologies ; elle éclaire, traverse et détermine une histoire, déterminée aussi par elle, et parvient à son parachèvement. (Il ne faut pas se tromper : même ceux qui croient réfuter ou plutôt refuser la métaphysique – l'empirisme, le matérialisme, le positivisme – ont une base ontologique non reconnue, sont empreints de métaphysique. De même, la fin de la philosophie métaphysique a son propre rôle à jouer.) Après le règne de la métaphysique, ce qui s'approche est une pensée autrement disponible, liée à un rapport à... que nous expérimentons sans pouvoir le dire clairement. À cette pensée il incombe d'assumer une certaine clandestinité qui est et sera son lot.

20

La philosophie a parcouru une longue histoire. De nature métaphysique du début à la fin de son parcours, elle ne parvient pas à se libérer de celle-ci, si cette tâche est effectuable. À bout de souffle, elle ne conserve que son nom. Les historiens et les professeurs de philosophie étudient et commentent à n'en plus finir tel ou tel philosophe ou telle ou telle philosophie. Mais l'élan philosophique n'y est plus. Des vulgarisateurs croient répondre et en effet vendent un salmigondis de réflexions diverses et diversement orientées, c'est-à-dire désorientées. La « philosophie » est tombée dans le domaine de la culture générale, mélangée aux sciences humaines et proie de l'affairisme journalistique. La pensée qui tente de prendre la relève essaie d'ouvrir, en s'y engageant fermement, un chemin où elle affronte le non-dit et le vide, ainsi que de penser les incessantes transmutations du « même » dans ses aspects différents. Sensible au dire-et-agir, centrale puisqu'elle tente de scruter le centre de tous les rapports, elle n'est pas indifférente au quotidien et au transquotidien. Vibrant à l'unisson de ce qui s'approche, elle questionne et ce qui ne nous quitte pas, ce qui advient, et ce qui se tient en suspens. Cette pensée en question consiste en un mouvement d'approches, reconnaît l'importance de la fiction et, riche en connexions multiples, elle se refuse le discours et les propositions programmatiques.

21

Comme ce qui s'approche de nous ne s'approche jamais frontalement et univoquement, notre approche ne peut pas être frontale. Elle se déploie de manière multidimensionnelle, ce qui n'a strictement rien à faire avec les éclectismes et les confusions de la fameuse pluridimensionnalité. En outre, il est nécessaire de ne pas oublier que l'indifférence à l'égard de ce qui s'approche en fait partie.

22

Nous vivons et nous mourons l'accomplissement des temps nouveaux, accomplissement qui durera probablement encore longtemps. Nous subissons ce processus et y contribuons, c'est cela notre horizon et c'est par-delà cet horizon – et en surmontant même l'idée d'horizon – que nous avons à regarder dans la direction de ce qui surgit et s'approche en se saisissant de nous. Prompts à étouffer notre vie et notre pensée, nous faisons des choses sans savoir ce que nous faisons et nous savons des choses que nous ne pouvons pas effectuer. Tournés vers la pensée sans être aptes à faire émerger ce qui en elle est toujours vivant, obsédés par une actualité dont les rythmes vont toujours plus vite, aveugles pour ce qui, plus qu'être présent-absent, indique un au-delà de la présence et de l'absence, obnubilés par l'à-venir et, en même temps, réticents à l'égard de ce qui est à venir, de ce qui a besoin de nous et demeurera toujours imparfait, pendant que la mesure de la perfection ne peut que faire défaut, bref, nous sommes et nous restons assez fermés à l'ouverture qui s'offre déjà tout en se dérobant.

23

La grave et incontournable question *comment vivre ?* s'adresse à nous et nous concerne vitalement, tout en nous échappant, comme elle s'échappe à elle-même. Ses diverses réponses ne semblent pas

tenables. La poser est déjà signe d'une certaine fatigue, d'une usure des forces vives. Néanmoins cette question cruciale est encore capable de secouer les évidences coutumières et mortifères. Elle ne se laisse pas porter à son terme, et même les réponses énigmatiques qu'elle suscite demeurent largement et profondément insuffisantes. Pourtant la question revient, inlassablement. Même si nous avons surmonté les tensions d'une attente, les figures inquisitives d'un espoir, ce questionnement au cœur de l'existence, qui n'est jamais isolée mais avec les autres êtres anime ce que l'on désigne sous le nom de vie, terme tellement problématique, se fraye sa voie. Les réponses et les solutions sont inexorablement bancales et se retirent. Ce retrait n'est pourtant pas rien.

24

La mort ne cesse de s'approcher, d'être là. Il y a ceux qui sont contraints de mourir aveuglément et silencieusement, à leurs dépens, et ceux qui meurent en ayant, si l'on peut dire, accompli leur vie. La mort emporte également ce qui à bout de souffle doit mourir. Les combats d'arrière-garde sont superfétatoires. Quand « *Le mort saisit le vif !* » comme l'écrit Marx, en français, dans *Le Capital*, le vivant essaie à son tour de se saisir de la mort. Un puissant élan se manifeste également à l'égard de la mort. La vie peut résister à ce qui est mort. Elle poursuit inlassablement sa propre œuvre – toujours entachée de mort –, peut assumer la mort (sa propre mort, la mort de tout existant et la mort en tant que telle). Car un rapport productif à ce qui est mort et à la mort individuelle et universelle est possible. Il n'y a pas de survie éternelle. Tout se passe dans la dimension, qui n'est pas une dimension parmi d'autres, de l'omnitemporalité éprouvée, instant par instant, heure par heure, époque par époque, faisant l'expérience tant du passé non dépassé, du présent défaillant que de l'avenir qui est déjà là. Pourvu que nous soyons attentifs à l'entrelacement des variations et de l'invariant. L'existence n'est certes pas faite pour ceux qui osent vivre cela – *cela* – à la fois de très près et de très loin, sans cligner les yeux, passagers d'une planète qui n'est pas éternelle, modestes ou considérables passants.

25

L'avancée irrésistible de la technique moderne qui s'empare de tout va de pair avec l'absence des dieux, la dévastation de la nature, la dissolution des communautés, le règne de la marchandise, l'apothéose de la représentation et de ses appareils spectaculaires, le déchaînement de la volonté. L'homme – prétendument triomphal – est réduit à sa portion congrue. Il se mire indéfiniment dans son « propre » miroir où sont condamnées également à se mirer l'humanité entière et toutes choses. Contre cette situation s'élevèrent, dès le début du XIXe siècle, des protestations vives, et pas seulement des protestations, contre l'industrialisation généralisée. Des paroles et des gestes vivaces exprimèrent tout le mal-être, le malaise, le malheur qui, pour universels qu'ils soient, étaient marqués par la détresse nouvelle, le déracinement, la puissance du prosaïque, du calcul. Certaines de ces figures qui, explicitement ou non, niaient les temps nouveaux payèrent très douloureusement leurs visions, succombant à l'ordre du temps. Penseurs, poètes, peintres, romanciers – pensons à Dostoïevski – ne pouvaient pas supporter ce qui commençait à dominer et dont la domination allait s'accélérer. Mais ce refus n'était pas exempt d'un sentiment fort de perte, d'une certaine nostalgie. Ainsi Hölderlin poématise le retrait des dieux et se tend vers l'attente d'un nouveau dieu. Marx stigmatise cruellement le règne de l'aliénation et souhaite que l'homme (les hommes en leur ensemble) retrouve sa nature humaine. Nietzsche dénonce le nihilisme qui frappe tout d'insignifiance et préconise une autre affirmation de ce qui est et devient. Heidegger s'attache à l'oubli de l'Être et attend un dernier dieu salvateur. Le rejet du présent, qui est insupportable et pèse lourdement, va de pair avec des paroles et des gestes « prophétiques » qui ont un relent de nostalgie. La nostalgie esquisse, face à et dans un irrémédiable présent suffoquant, un « retour » à un lieu et à un temps que nous n'avons jamais habité effectivement et qui serait notre propre demeure. Ce qui n'empêche qu'il puisse y avoir des nostalgies allant de l'avant, anticipatrices…

26

Ni la soumission, qui n'est pas exigée de nous (et nous pouvons ruser avec les impératifs dominants), ni la révolution n'offrent une issue. La première écrase massivement ceux qui s'y vouent, la seconde, sous ses formes classiques du moins, a vécu son temps. Des révoltes, diverses et variées, éclatent et éclateront encore. Et des mouvements plus profonds, échappant aussi bien aux agents qu'aux patients, suivront leurs cours. D'ailleurs aucune révolution n'a été tout à fait radicale. Ce qui s'approchait avec elles demeurait plein de compromis et leurs effectuations de même. Ce qui caractérise un certain type de révolution n'est pas en premier lieu l'insurrection, le refus de l'ordre préexistant, mais est plus encore la reprise, mot qui dit plus que répétition. Cette reprise, interprétée après-coup diversement, peut apporter du nouveau qui cherchait sa voie et s'inscrit dans un temps long. Mais l'absence de la possibilité même d'une métamorphose radicale, foncièrement novatrice, ne peut que devenir évidente. Les réformes se multiplient. Cependant toutes les souffrances et les maux qui nous assaillent, pour ne nommer que la faim, les maladies, les exploitations, la domination crue, les tortures, les fanatismes hystériques, obligent ceux qui aspirent à la sérénité à ne pas être aveuglés par la contemplation de l'être ou l'acceptation de l'innocence du devenir.

II. Le non-dit

27

LE NON-DIT précède tout dire, il est nommé tel par une parole, il pénètre tout dire, lui échappe et lui succède.

28

Le non-dit traverse toute parole. En se tenant soigneusement distinct de l'inédit et de l'énigmatique indicible, le non-dit possède une grande force silencieuse. En même temps, sciemment ou pas, il occulte. Quoi que nous disions, quoi que nous fassions, il ne nous lâche pas, sans être pour autant une entité qui se dissimulerait. Enfoui, souvent rejeté, il cherche à accéder au langage, à passer à l'acte. Il rôde partout et toujours. Plus il est évité, plus sa puissance augmente.

29

Notre langage multiforme est usé jusqu'à la corde et, inséparablement, nos modes de pensée le sont également. Essayer de dire le non-dit, enseveli sous tant de couches de paroles et dont l'appel reste pour nous passablement obscur, nous est imparti. Vouloir éviter ou éliminer le non-dit est absurde. Un non-dit parlant se recueille dans nos paroles pensantes, productif et ouvrant. En revanche, même des pensées importantes rejettent quasi involontairement le non-dit par manque d'audace. Elles font silence sur ce qui entrave leur ordonnance, leur bon ton.

30

Échappant à la religion et à l'art, à la politique, aux sciences, à la vie quotidienne ou transquotidienne et à la pensée philosophique, un non-dit abyssal – nullement hypostasié – auquel toutes les analyses, les explications, les interprétations et les constructions restent fermées et ne peuvent que rester fermées, fait plus et autre chose qu'attendre son heure.

31

Terré au centre éclaté de l'ensemble de tous les renvois, le non-dit maintient d'étranges rapports avec le silence, silence des êtres et des choses, origine et secret ultime de l'impossible qui aiguillonne le possible. C'est contre l'impossible que tout se brise, brisure parfois fort éloquente. Quand tout, ou peu s'en faut, se trouve mis en orbite, ce qui échappe aux planifications, elles-mêmes programmées, en d'autres mots l'inéluctable, poursuit son destin fugué et tombe en morceaux. Et tout commence et recommence.

32

Ce que nous dit le non-dit et ce que nous en disons ne reste pas abstrait, imprécis, confus et diffus. C'est précisément au cœur de tous nos rapports à la nature et au divin retiré, à l'humain et à la technique, c'est au centre de notre existence dite individuelle et dans le cours de l'histoire mondiale que le non-dit œuvre, tantôt paisiblement, tantôt cruellement. Il forme tous les discours parlés dans la tour de Babel. Par-delà la parole et la pensée unique se dessine énigmatiquement une configuration parlante mais non parlée, non iconique, qui met en question le langage technicisé et le langage superficiellement et formellement novateur, langage humain, trop humain.

33

Le non-dit ne concerne pas seulement ou principalement le langage tel que nous l'entendons. Il s'inscrit pour la vie et pour la mort dans tous les gestes qui s'accomplissent à travers nous, les passants et, aux grandes heures, les dépassants. Encore qu'il reste malgré tout indéchiffrable, nous pouvons communiquer souterrainement avec lui. Il y a des instants où il est particulièrement mordant, nous faisant mal. Le reste du temps nous tenons nos discours et nous vaquons à nos occupations, sans néanmoins pouvoir nous débarrasser totalement de lui. Car une puissance terrible réside dans le nom prononcé et, encore plus, dans le non.

34

Les harmoniques du non-dit nous affectent tant époqualement que transépoqualement. Une parole, une écriture et un autre style d'approche qui ne soient plus de l'ordre de la philosophie et de la littérature sont époqualement et transépoqualement nécessaires. Car le cœur le plus intime de la question la plus centrale et la plus inédite d'où émerge tout le faisceau des questions est encore métaphysique et, en tant que tel, ne constitue pas une question puisque la métaphysique est sur une voie où elle exige d'être assumée et surmontée. À ceux qui tentent cette percée échoit leur lot de clandestinité.

35

Une certaine paix disons intérieure et une inquiétude féconde seraient peut-être aptes à nous conduire à une autre réceptivité, à une autre retenue et à une autre productivité au moment où l'empire du langage craque de partout et où la bibliothèque est en feu. Sans pourtant sacrifier à l'obsession de l'« autre ».

36

Dès le commencement il y a un non-dit originel, à travers le dire et le faire fondateurs, qui demeure obscur. Il y a ceux qui le soupçonnent. Les grandes clartés sont rares et ne cessent d'impliquer l'obscurité, ce qui ne signifie nullement que nous sommes condamnés aux ténèbres.

37

Il y a incontestablement dans et avec la pensée comme une ruine de la pensée, initiale et transversale, la pensée succombant au non-dit. Tout en disant à la fois trop et trop peu, elle n'a pas peur de penser le centre de tous les rapports, ses pulsations et les rapports mêmes qui se déploient. La structure et l'histoire de la pensée sont pourtant liées à la grande aventure de la technique.

38

Le recours souverain à la nature, au divin, à l'homme, à l'histoire étant devenu impossible, tout fondement ayant connu l'effondrement, dans le tremblement de tout « sens », dans son manque et son excès, le non-dit nous tend également des pièges. Amicalement affronté, il concerne et le passé et le présent et l'avenir. Inscrit dans ce qui advient, il n'est pas séparable des catastrophes.

39

Penser et dire que la platitude ancienne cède sa place à la platitude nouvelle peut être correct, mais nous empêche de nous approcher de ce qui advient productivement et de nous efforcer, autant que possible, de dire le non-dit.

40

Ceux dont on a le plus parlé – *dieu* (plus ou moins divin, naturel ou humain), la *nature* (plus ou moins naturelle, divine ou humaine), l'*homme* (plus ou moins humain, naturel ou divin) – demeurent les non-dits par excellence. Que leur puissance se succède ou qu'ils coexistent, que l'un d'eux se révèle époqualement dominant, qu'ils se transforment chacun en son contraire, qu'ils tendent à sombrer dans le non-être qui n'est pas le néant, ils attendent peut-être encore d'être dits, mais par une force qui n'est pas totalement brisée et qui attend d'être dite, sans avoir peur du vide.

41

C'est en tout temps le dire qui parle du non-dit, comme la pensée parle de l'impensé. Le dire absolu et total serait la mort. Tous nos efforts visent à dire le non-Tout. L'entièreté ne nous est pas dévolue. Tout le côté obscur, nocturne, échappe à la métaphysique de la lumière que tend à être toute métaphysique. Quitte à se contenter d'une lumière glauque. Tout *dire* s'effectue déjà à l'intérieur d'un domaine, sur un plan. Le non-dit se dit et se tait multiplement.

42

Plus le non-dit est intense et ample – les petits non-dits restent insignifiants –, plus il « demande » à être porté au langage, et plus cette attente restera à jamais inaccomplie. Même en attendant un dire plein, cette attente ne s'accomplira pas de la manière attendue.

43

À supposer un instant que le non-dit et les non-dits parviennent à percer, la vie individuelle et sociale deviendrait impossible. Nous n'avons pas seulement ou principalement en vue des dissimulations, des mensonges et des équivoques, qui dans et par leur petitesse, s'autodétruisent. Nous entrevoyons cette autre parole, cette autre expérience qui s'esquissent et en s'esquissant luttent contre leur propre fatalité : l'impossibilité. Nous entrevoyons ce qu'habituellement on déteste voir et avouer. L'impossibilité en question, féconde, ne se laisse aucunement réduire à la fameuse et inévitable illusion vitale.

44

Le non-dit, le non-pensé, le non-calculé dominent toutes les techniques et les artifices protéiformes dont nous nous servons et qui, surtout, se servent de nous. Ces conquêtes ont beau stimuler nos désirs émoussés, nos sentiments tièdes, nos volontés fatiguées, elles demeurent sans accès à un langage plénier, à une pensée ouvrante et ouverte, à un calcul intégral. Une humanité vacillante a grandement besoin de remèdes, quand bien même les médications les plus sophistiquées n'arrivent pas à la guérir de ses souffrances. L'homme prothétique, fier de toutes ses prothèses qui augmentent sa puissance, n'arrive pas, dans un bruit qui devient de plus en plus assourdissant, à entendre la voix du silence. Le bio-psycho-socio-logique (conditionnant chacun l'autre, chacun restant aussi irréductible à l'autre, dans leur unité foncière), déjà technicisé, devient techno-logique (à ne pas confondre avec la technique elle-même). Encore que ces puissances et ces élaborations soient également révélantes, elles nous plongent à leur tour dans ce dont elles sont issues : le non-dit, le non-pensé, le non-calculé.

45

Nous parlons avec des mots qui disent les choses qui nous parlent. Ce que nous disons implique le non-dit et les choses demeurent cryptiques. Les rapports profonds entre mots et choses nous questionnent sans cesse, sans qu'ils puissent jamais être complètement élucidés. En même temps règne une étrange séparation entre nous mêmes et nous-mêmes, nous-mêmes et les autres, nous-mêmes et les choses. Un triptyque de questions est dirigé vers nous. Une *coïncidence* entre l'homme et ce qu'il n'est pas. Un *non-dit* capital qui est toujours à l'œuvre. La *schize* radicale qui étend son règne.

46

Nous ne savons pas du tout où se situe le point crucial de notre rapport au langage, c'est-à-dire au dit et au non-dit. Aussi ignorons-nous ce qu'il faut changer au juste. Et tant dans le dit que dans le non-dit gît une catastrophe. Le secret du non-dit, qui jamais ne peut être totalement dévoilé, ne se révèle que quand il n'est pas volontairement recherché ou obstinément évité. Feindre de savoir ou se perdre dans une kyrielle d'interrogations oiseuses nous tient éloignés de l'itinéraire au cours duquel se nouent et se rompent les liens de ce que dit le langage et du comment il le dit et, encore plus, de ce qu'il tait.

Logique, grammaire et syntaxe exigent une mue, presque inaccomplissable. Un langage qui pourrait venir semble fuir nos paroles et nos silences. Il serait, s'il devait se manifester, profondément inutile et non pas futile. Pour le moment, il appartient au domaine de l'incalculable. Tout en étant requis de prendre part, de correspondre, de recevoir et de rendre – dans une passivité active – le don qui nous est fait par ce qui nous rend parlants, nous faisons semblant d'ignorer que les humains donnent peu.

47

Sur le plan, *le* plan de l'omnispatialité-et-de l'omnitemporalité, le plan où se situe non topologiquement et non chronologiquement le centre vibrant, non topologique et non chronologique, du rapport entier, les propositions grammaticales et syntaxiques, logiques et ontothéologiques défaillent. Cet autre langage nous fait signe et nous tentons d'en prononcer les signes. La copule *est* reliant un sujet à un attribut ou un prédicat, toute cette structure ne rend pas compte du plan où se déroulent nos expériences et nos passions, nos actions et nos omissions, nos paroles et nos pensées. Nous sommes au beau milieu d'une crise du langage, entre le dit et le non-dit, où participent également le dit et le non-dit, où le *est* comme troisième personne du singulier du verbe être et comme copule, l'infinitif *être* et l'infinitif substantivé *l'être* ainsi que le participe présent substantivé *l'étant* craquent de toutes parts, que nous le reconnaissions ou non. Aussi bien les simples énoncés et les simples propositions que les propositions spéculatives vacillent. Il y a du non-dit qui cherche à accéder au langage.

48

Il n'est pas en notre pouvoir d'abolir le verbe *être* et ses dérivés, ni de le surmonter grâce à une décision. Il est extrêmement difficile, pour ne pas dire presque impossible, de ne pas parler en termes d'*être.* Nous pouvons cependant essayer de rendre toute cette structure et toute cette histoire hautement problématiques. En rendant le *dit* énigmatique. Non pas pour parler un langage ésotérique et chiffré, mais en lançant des flèches.

49

Le langage du non-dit, de l'impensé, nous appelle. Ce n'est pas un « autre » langage. Car le langage qui nous appelle, nous le rencontrons déjà, par-ci, par-là, en différents registres. À l'écoute du langage antéprédicatif, obéissant à une nécessité, en nous ouvrant à la négativité et en nous rendant disponibles, il n'est pas totalement exclu que nous puissions esquisser, sinon accomplir, un pas. Orientés par ce qui n'a *pas* été dit. Sans revenir passivement à un langage parlé et écrit dans des univers qui ne sont pas les nôtres, mais en nous ouvrant productivement aux métamorphoses du même. Il n'est pas exclu que ce langage préconisé soit apte à nous libérer, tant que faire se peut, de la proposition morale : fais ceci ou cela.

50

Dire le non-dit et, dans le dit, garder la puissance du non-dit, ne demande pas un langage agrammatical, asyntaxique, alogique ou parataxique, parce qu'alors il retomberait en deçà de cela même qu'il essaierait de surmonter en l'assumant. Cela vaut aussi pour le principe de contradiction, voire de non-contradiction : nous ne pouvons ni le maintenir, le dire tel quel, ni simplement le « dépasser », vu également toute l'ambiguïté du terme « dépasser ». Il y a des phrases impliquant la contradiction qui parlent et disent, mais la tendance à constamment vouloir parler avec des phrases impliquant la contradiction caractérise plutôt un dire superficiel qu'un non-dit qui cherche à affleurer. Si quelqu'un meurt de soif et qu'on lui demande s'il veut de l'eau, il ne peut pas répondre : oui et non. La grande dialectique – hégélienne – a dégénéré en devenant une technique de l'unité et de la lutte des contraires dans un vague mouvement constant, un processus fatal. Nous ne pouvons pas seulement dire sans arrêt d'une chose qu'elle est elle-même, le contraire d'elle-même, l'ensemble de ses manifestations et de ses saisies et son contraire. Néanmoins une parole de ce genre est également inévitable.

51

Le non-dit se dissimule, il se dit multiplement. Il ne déploie pas seulement son règne dans la pensée de haut vol, il domine également, sinon plus encore, à la fois le langage et l'effectivité de ce que l'on appelle concret et quotidien. Le rapport de ces deux langages, élevé et quotidien, et les rapports de leurs dits et de leurs non-dits respectifs sont et devraient devenir de plus en plus énigmatiques. Une fracture importante est ici à éprouver et à élucider. Il faut l'avouer : personne ne peut parler couramment la langue qu'il écrit, quand la tenue pensante et poétique de l'écrit se situe sur les hauteurs. Ici gît une coupure. Et on ne peut pas tout mettre au compte de la métaphysique en disant, par exemple, qu'il y a une langue naturelle et sociale (physique) et une langue de haut vol, poétique et spéculative (métaphysique). D'emblée, la langue, inséparable de l'interprétation que nous en avons, constitue une figure de Janus qui est une malgré ses deux visages.

52

Le langage élevé est plus et autre chose que l'élévation d'un langage prétendument quotidien, et le langage simple n'est pas que la retombée du haut langage. Le réseau que forment le dit et le non-dit est en fin de compte inextricable. En outre, ne l'oublions pas, le langage est à la fois don suprême et catastrophe inévitable. La catastrophe n'est cependant pas que catastrophe du langage, encore que tout langage garde un caractère d'étrangeté et possède sa propre ruse. La catastrophe qui est également catastrophe du et dans le langage, du dit comme du non-dit, n'est pas à exorciser mais à dire et à endurer dans le langage de la finitude.

53

L'homme en question, qui parle et se tait, dont on parle et que l'on tait, peut s'adonner à un grand risque : faire surgir de l'abîme du non-dit un langage « plus qu'humain », qui assumerait et relèverait l'humain. Le vent se lève, il faut tenter de dire.

54

Dans toute rencontre il y a séparation, et la séparation a lieu sous l'horizon d'une rencontre. Ainsi cette coappartenance implique la distance et rend possible et effective la rencontre. L'homme appartient tant au dire qu'au non-dit, en s'éprouvant et en éprouvant ce qu'il n'est pas. La question qui se lève est celle du plan où se situent la coappartenance et la différence. Car nous ne pouvons pas dire pertinemment sur quel plan nous sommes (ou « sommes ») quand nous parlons, nous imaginons, questionnons, répondons, quand nous sommes dans une disposition affective ou quand nous agissons avec tendresse ou rudesse. Le lien qui relie les différents plans et le plan, et ce qui les délie, le dit et le non-dit ne se laissent ni dire ni taire.

55

Parménide écrit : « Car le même est être et penser. » Or il nous dit que le même est être *et* penser. Mais il ne nous dit pas où réside le *et*. La relation être et penser n'est pas tautologique. *Être* n'est pas tout à fait *penser*, ni l'inverse. Selon ce qui est dit et, davantage, selon le non-dit, il demeure comme une primauté de l'être ou du penser. L'homologie n'est pas parfaite. La brèche persiste. Dans cette brèche, devenue la brèche de la métaphysique, de l'idéalisme, du dualisme ou de leurs renversements, la question ne fait que s'aggraver et la réponse bute contre le non-dit.

56

Or nous restons emprisonnés dans un cercle où s'opposent être et non-être, être et paraître ou apparaître, être et connaître,

être et devenir. La dialectique ne parvient pas à résolument s'en dégager. La tentation de parler et de penser autrement existe et nous appelle comme exigence. Même si nous ne savons pas si cette tentation peut aboutir à un autre style, nous n'ignorons pas que c'est l'impossible qui aiguillonne le possible et c'est contre lui que celui-ci va se briser. Non sans avoir parcouru son chemin. C'est l'impossible qui met en question la pensée et l'action.

57

La parole pensante émerge de la non-pensée et y retourne. La non-pensée est l'abîme où s'abîment toutes les questions pensantes. Digne de tous les efforts de la pensée, le non-dit doit être le souci principal de la parole.

III. Le vide

58

C'EST À PARTIR DU VIDE que tout émerge, se configure. Matrice universelle que nous ne quittons jamais, qui jamais ne nous quitte, il permet tant et tant d'édifications. Mais, justement, jamais le fond n'est touché, puisqu'il n'y a pas de fond. Et n'ayant jamais été attachés sans faille à qui ou à quoi que ce soit, il est conséquent pour nous que, sans radicalité ni profondeur, le désarroi ne cesse de croître.

59

Le grand vide premier, le vide originaire, n'en est pas un qu'à partir de l'espace-temps, qu'à partir d'une rotation productive qui ne se trouve problématisée qu'à partir d'un certain moment, par nous.

60

Au « début », il n'y avait ni l'ombre ni la lumière, mais cet abîme d'où surgissent le diurne pénétré de nocturne et le nocturne lacunairement révélé dans le diurne. Les surgissements, plus encore que les décompositions, demeurent foncièrement inexplicables. Ce qui ne doit pas nous empêcher d'essayer de les élucider. En évitant, comme pour toutes les grandes questions, les discours synthétisants.

61

Suspendus entre le vide qui pour nous ne peut pas être complètement vide et le plein dont la plénitude absolue n'existe pas – ni l'affirmation totale ni la négation totale ne nous sont données –, le vide appelle, c'est certain. Nous sommes cependant aussi appelés par l'étoile qui dispenserait le don suprême.

62

Le vide. Le gouffre. L'abîme. Le sans-fond. Indescriptibles, irreprésentables, mais non totalement impensables, ils ne cessent de se manifester et de demeurer, en même temps, dans une réserve inapparente d'où bien des choses peuvent émerger, les unes pour rester, les autres pour vite rejoindre leurs origines.

63

Le vide. Le non-être. Le néant. Le rien. Leurs rapports sont difficiles à élucider. Ayant une même source qui alimente différents courants, tout en respectant le même, ils précèdent à la fois tout visage, le marquant et l'effaçant par la suite.

64

L'être-homme, celui ou cela que nous ne parvenons pas à nommer décisivement – nous avons tendance à le sous-estimer et/ou à le surestimer –, bien qu'étant celui qui dit et, davantage, celui qui reste dit, est le héraut du non-dit et celui à qui incombe d'affronter le vide, puisque centralement affecté par lui. Surgissant et traversant l'espace-temps historiquement (jusqu'à maintenant faut-il dire), il est celui qui dit et qui ne dit pas, figure non figurative du vide dont il est formateur, encore qu'il soit tout à fait exclu qu'il puisse s'emparer de ce vide, indéfiniment plus fort que lui.

65

Le vide. Originaire, vide ensuite bien des constructions. Loin d'être le propre de l'homme, il relève de toutes les forces et puissances, de toutes les instances qui relèvent du réseau de tous les rapports. En ce qui concerne les humains, il peut se révéler tant majestueux que misérable. Nous le souhaitons et le redoutons à la fois, grandement. Nous sommes habités par le vide, voire hantés par lui. Installé chez nous, il nous protège en quelque sorte, bien que nous fassions également tout pour lui échapper. En même temps, il nous fait grand peur.

66

Nous ne pouvons partir ni du vide configuré par l'*homme*, son dit et son non-dit, ni de *Cela* qui institue et constitue les rapports au sens le plus fort. Ni de leur simple ou complexe relation. D'emblée, nous nous mouvons à l'intérieur du rapport entier et fragmenté de ce qui traverse l'homme (ou l'« homme ») formateur, de *Cela* même, ouverture du temps, temps de l'advenir, approche de toutes les approches.

67

La vacuité du vide touche mortellement nos fantasmes et nos rêves, nos illusions, notre fausse conscience et notre mauvaise foi. Les mensonges, les omissions et les dissimulations succombent aux mêmes coups. Philosophie et religions, politiques et psychologies, morales et esthétiques ont tenté de lui tourner le dos et, tout en s'imaginant le dominer quelque peu, ploient devant ses triomphes.

68

Il y a aussi le grand vide qui demande non pas à être rempli mais reconnu et soutenu, qui provoque ceux qui le portent et le supportent, axes de sa grandeur, constellant la terre qui les accueille avec des signes indomptables. Le vide nous aspire et nous aspirons à l'habiter. Tenir dans l'abîme et oser le montrer n'est pas un programme pour hommes épuisés. Tout au plus cela peut-il animer une vision oscillante et éprouvée.

69

Chaque fois qu'un rapport particulier et privilégié devient la mesure pour appréhender le rapport des rapports au centre vibrant et incalculable, nous avons affaire à une conquête prête au naufrage qui se manifestera tôt ou tard. Car c'est dans le vide que se dessinent les configurations du plein, lui-même non exempt de vide.

70

C'est une tendance de la pensée étriquée que de ramener le grand vide à un vide psychologique, social, culturel. Le vide n'est pas non plus une entité métaphysique. Autre visage du plein, il vide de leur substance les formes et les forces branlantes, les ramène à leur inexistence. Cohabitant avec ce qui n'est pas son contraire, le plein, il nous pousse à reconnaître que chacun d'eux loge au cœur de l'autre, pour parler encore un langage par trop traditionnel et objectivant.

71

Un parcours de météore est à peine suffisant pour saisir le cœur du vide et les chemins qui partent de lui et convergent vers lui. Il a une étrange aura à laquelle succombent les arpenteurs inexpérimentés. Faire le vide en soi, dans la mesure du possible, constitue une des premières conditions requises pour entendre son appel fécond.

72

L'advenir n'osera pas affronter, tant que faire se peut, lucidement le vide. Il comportera tant d'enchaînements, de non-dits, d'illusions, de mensonges, de foncières inconséquences et de grossières incohérences, de fictions, et ne dédaignera pas le bavardage sur l'authenticité. Ce qui n'empêche pas que par éclairs se manifesteront également des témoignages de la grandeur qui échapperont aux agrandissements factices et aux rapetissements mesquins.

73

La dévastation, l'assombrissement, la désertification des choses humaines et, pour l'homme, des choses non humaines, ne montrent que les bords d'un vide autrement plus ample et profond qui peut provoquer aussi des manifestations créatrices. Dans le combat entre les créations ouvrantes et la stérilité du désert, il n'y a pas de vainqueur vaillant et définitif.

74

Innombrables sont et restent les formes et les forces du vide ; on ne les aperçoit pas dans la vie dite quotidienne, opaque ou éveillée. Dans la phase cruciale d'un rapport que l'on désigne comme sexuel, dans l'acte sexuel, qu'il soit réussi, raté ou à la fois réussi et raté, l'instant final n'est autre que le vide.

75

Une prescription venant du fond des âges et ayant l'avenir pour elle nous enjoint de ne pas être, de ne pas paraître individuels. Marcheurs infatigables parcourant le vide, nous pouvons certes emprunter ce masque pour mieux nous entendre avec les autres – êtres collectifs – et ne pas les effrayer outre mesure. On ne peut pas choisir de ne pas être individuel. C'est un destin.

76

L'on peut glisser, sombrer dans le factuel qui emprunte des masques si divers. Ce factuel nous sollicite de mille et mille manières ; il se donne parfois pour le plein, tandis que d'autres le stigmatisent comme le vide. Il n'est pourtant ni l'un ni l'autre. Il ne s'épuise pas dans les caractérisations qui en sont données.

77

C'est le vide qui donne son contour au plein, c'est le plein qui fait ressortir le vide. Quand tout semble sombrer dans la nuit du vide, ce vide n'arrête pas d'émettre des signes. Le vide n'est pas dans l'homme. C'est l'homme qui est suspendu dans un vide surpeuplé. Pour fuir non pas le vide qu'il n'éprouve pas – car le vide est à éprouver plus qu'à expérimenter – mais un petit vide qui l'affecte, il a sans cesse et toujours à nouveau un besoin insatiable d'événements. Ainsi croit-il supporter l'insupportable. En fait, cette tâche plus difficile est autrement plus ardue à accomplir.

78

À tous les niveaux de ce qui se construit et s'affermit, dans les plaines comme aux sommets, les rapports entre chaos et ordre qui sont interdépendants nous empêchent d'adhérer complètement à la non-réticence. L'insignifié s'incruste sur tous les plans, surgit d'eux et caractérise une ère kaléidoscopique. Ce qui n'a pas d'envergure brille aussi un temps. Les contre-temps appartiennent au temps. Acteurs agis aux prises avec l'inatteignable plénitude, nous soupçonnons que l'héroïsme est souvent déprimé et l'étonnement las.

79

La recherche la plus fanatique et, quel que soit son domaine privilégié, le domaine qui s'impose à elle, ne peuvent pas vaincre le vide.

80

Le vide renvoie au rien et le rien au vide. Inexorablement. Au centre vibrant de nos passions, de nos actions et de nos omissions, comme dans leurs particularités, le rien, dans son alliance avec le vide, ne cesse de se manifester. Il se révèle et nous sidère.

81

Paraphrasant un mot de Pascal qui parle du *néant* et du *tout*, nous pouvons dire : il ne faut pas moins de capacité pour aller jusqu'au *vide* que jusqu'au *plein*, à supposer, bien entendu, qu'existent la plénitude du plein ou la vacuité totale du vide.

82

Là où gît la profondeur abyssale du vide, toute lumière n'est pas nécessairement exclue et là où règne une lumière puissante, le vide ne peut pas être exclu.

83

Toute cette grandiose équipée de la pensée peut paraître vide. Là où c'est le cas, il n'y a rien à faire. Lorsqu'on vous dit que tout cet effort aboutit au rien, au vide, répondez que le rien n'est que l'autre face du Tout. Le grand échec de la pensée fait tout apparaître comme un fragment ou un ensemble de fragments, et elle-même est comprise dans cette entreprise qui nous englobe. Car tous nos édifices restent en suspens.

84

Pas plus que le vide n'est nié en se remplissant, le plein ne devient complètement vide en se vidant. Parler du vide reste extrêmement malaisé, surtout dans une époque tout à la fois sursaturée et vacante. Penser le vide et tout autant l'éprouver constitue une tâche qui s'impose, pendant que ce qui est à penser et ce que nous éprouvons se retirent. La quête est d'autant plus difficile que nous ne pouvons pas penser le plein à partir du vide, ni le vide à partir du plein. Ceux qui s'efforcent de faire parler et de penser le vide sont généralement considérés comme devant porter la marque d'une certaine clandestinité. Et pendant que nous en parlons et nous le pensons et nous l'éprouvons, l'énergie du vide ne cesse d'être puissamment à l'œuvre dans l'Univers.

85

Il est inéluctable que le vide nous attire et nous repousse si fortement. En ce qui le concerne, le bon moment de la question et de la réponse ne parvient pas à s'offrir. Rechercher une homologie entre la structure de notre esprit et la structure de l'Univers est fort tentant et peut se révéler fécond, mais le chemin de cette recherche n'arrive pas à son terme, si terme il y a ou peut y avoir. Car le chemin du questionnable est plein d'embûches, de routes qui se croisent, de précipices, d'abîmes et d'impasses. Et quelque part au loin demeure l'inquestionnable.

86

Aux XIXe et XXe siècles a eu lieu toute une série de déconstructions plus ou moins convergentes. Leur centre commun n'est pas aisément visible, justement parce qu'elles ont fait éclater un centre. À la mise à la question et à la déconstruction de l'Univers traditionnel, de l'infiniment grand à l'infiniment petit, par la théorie de la relativité et la physique quantique, s'ajoutent la déconstruction de la société et de l'État, puis celle du psychisme humain par la psychanalyse. Le démantèlement de la philosophie usuelle par Marx, Kierkegaard et Nietzsche va de pair avec la destruction de l'intrigue, des personnages et de la chronologie dans le roman et avec l'irruption d'un théâtre qui rend quasi absurdes ses figures telles qu'on les connaissait. La dissolution de la figure humaine et du paysage classique par le cubisme, la peinture abstraite et la sculpture, n'est également pas étrangère à la destruction de la tonalité musicale. Nous aboutissons certes à un certain vide. Des restaurations en tout genre n'ont pas manqué d'avoir lieu. Mais reconstruire purement et simplement ne se révèle pas possible, à savoir n'est pas productif. On ne peut pas faire comme si les déconstructions majeures n'avaient pas existé et n'avaient pas marqué le temps, encore que l'on ne se prive pas de le faire. Assumer le vide est certainement nécessaire. Dire cependant que nous sommes dans ce qui n'est plus et qui n'est pas encore reste court. L'image et le modèle de l'homme libre, blanc, mâle, adulte et bien portant gisent en miettes. Les affres de la subjectivité et les misères de la collectivité nous assaillent. Aussi rampons-nous dépressivement et/ou gaiement, mais cela revient au même. Le sens (la signification et la direction), vacillant ou en ruine, nous ayant quittés, ce qui peut surgir de ce vide, désertique et surpeuplé, en nous requérant, demeure fort énigmatique. En tout cas, ce ne sera pas une plénitude, introuvable.

87

Au vide on oppose la fameuse réalité, toute-puissante depuis les puissants Romains. Mais la prétendue réalité n'est pas exempte de vide. Elle se dérobe sous nos pas, elle s'évapore de nos têtes. Les représentations prennent le pas sur les présences et les fantasmes sur l'effectivité. La réalité du réel est à comprendre à partir d'un ensemble de rapports. Cependant, elle succombe à un complexe de significations, tout en les faisant succomber, elles aussi. La réalité du vide et le vide de la réalité sont tels et leurs signes si multiples que même l'entièreté de tous les renvois, qui d'ailleurs n'est pas possible, ne réussit jamais à l'explorer. Et pourtant, tout suit son cours.

88

Ont un rapport vital et mortel avec le vide tant la vulgarité compacte que l'élégance prétendument éthérée. Très certainement, le vide n'engloutit pas tout, mais sa puissance dépasse l'imagination coutumière.

89

Le vide n'est pas étranger à ce qui devient. Il y est plutôt chez lui, à la fois comme familier et comme étranger. Sans le vide, ce qui devient resterait massif, compact et opaque.

90

Avec certaines personnes, dans certaines situations, le vide qu'elles représentent est plus grand que celui qu'incarnent d'autres. L'âge de la culture généralisée, c'est-à-dire du tout culturel, constitue un bon terrain d'observation. Ce terrain voit évoluer des carnavals et s'agrandir des cimetières.

91

Au plus haut degré, le vide possède sa propre plénitude qui s'étend in-finiment.

IV. Dire-et-agir

92

AUCUN NE VA SANS L'AUTRE et aucun n'est entièrement l'autre. Pour nous, hommes – sans que l'on sache exactement depuis quand et comment –, la pensée agissante fonctionne comme une venue déjà advenue et toujours à venir, toujours en passe de venir. Pour dire, il est au préalable indispensable d'écouter et pour agir, au sens fort du terme, un propos – fût-il dans les limbes – s'impose. Certes, il ne peut pas être demandé trop à la pensée humaine mortelle, agie et dite. Mais celle-ci peut toutefois faire un effort pour comprendre qu'une sorte de pâtir précède et anime tout agir.

93

La contradiction se niche partout et aucune parole, aucune action ne peut lui échapper. Il ne s'agit pas seulement de saisir toute chose et son contraire, mais d'être scrupuleusement attentif au conflit agissant sur tous les plans, non dénué d'étrangeté. Cependant, rien ne nous prescrit d'être éternellement déçus, ni de nous abîmer passivement dans l'espoir. Sensibles aux pensées, pensant les choses, nous avons continuellement à apprendre et à réapprendre que les unes ne vont pas sans les autres, le lien étant plus fort que les termes, qu'il n'est pas en notre pouvoir de faire l'impasse sur le *même différencié*. Ainsi avons-nous à reconnaître qu'une certaine scission demeure. Même et différent n'entretiennent pas des rapports d'extériorité. Ni quand nous parlons ni quand nous agissons, manifestations qui ne constituent pas une dualité. Quand on vous parle du même dites le différent, quand on vous parle du différent, dites le même.

94

Nous parlons et nous agissons par rapport à des référents. Un dire et un faire totalement non référentiels ne semblent pas pouvoir exister. Le référent peut cependant demeurer recueilli dans le non-dit.

95

Il n'y a pas de commencement absolu « et » on ne peut pas en parler. Inséparable d'un questionnement originel est un acquiescement tout aussi originel. Il est même nécessaire de penser que le questionnement implique un certain acquiescement et que tout acquiescement, s'il n'est pas tout simplement béat, garde un caractère profondément énigmatique. Rapport à… signifie tout à la fois : acquiescement questionnant et questionnement qui répond à une injonction. L'appel n'existe pas avant sa réception, et c'est l'acceptation transformatrice du don, son acceptation donnante, qui le fait se déployer comme don, un don qui est tout sauf une donnée. Et comme il n'y a pas une grande totalité – ou même le grand Tout – originelle qui se serait par la suite fragmentée, la parole pensante, l'action produisante – toujours advenantes, toujours suspendues – ne peuvent que s'engager dans des voies labyrinthiques.

96

Une pensée plus profonde arrive à penser que la question n'est pas le commencement et le début de la fin, le terme et le but de tout dire pensant et agissant. Car le questionnement dont il y va et sa situation privilégiée ont tendance à demeurer inquestionnés. L'inquestionnable même se signale insignement quand le questionnant lui-même se renferme sur son origine.

97

Avant toute question, il y a une disposition et une disponibilité fortes qui vibrent à l'écoute d'un accord-désaccord qui ne dicte ni la question ni la réponse. Tout procède d'un gouffre profond qui est en même temps un trou de lumière.

98

À une écoute primordiale correspond une parole questionnante et pensante, elle aussi originaire. Ce qui se noue dans l'appel à la réponse et l'appel de la réponse, cela procède dans le secret, tout autant que par affirmation. Le centre du nœud ne relève ni de la question impérieuse ni de la réponse catégorique.

99

Les questions sont trop souvent élaborées de telle manière que les réponses soient prêtes pour les accueillir. Mais le surmontement de la question dans la direction d'une origine impensée, précédant toutes les fondations et ouvrant une autre aire, risque toujours de succomber à la ruine du sens qui s'impose comme destin.

100

Tout dire n'est pas pensant et pensé. Il implique néanmoins une certaine pensée qui, à son tour, l'implique. Cette pensée ne plane pas dans le vide avant d'être dite. Il en va autrement des bribes d'idées, des mentalités éparses ou compactes, des magmas de sentiments et d'opinions qui donnent l'impression illusoire qu'il s'agit de réflexions, de pensées.

Ce qui règne n'est ni la pensée ni la non-pensée. Domine donc un amalgame de « réflexions » reçues, de situations plus ou moins imposées, de choses sues par ouï-dire, de réactions émotionnelles qui s'inscrivent dans un monde, de projections, de complaintes et de désapprobations – qui ne font qu'attester et consolider ce à quoi l'on participe – d'approximations et de fixations. Songes et étrangetés, familiarités et excentricités, rencontres et séparations, nostalgies et anticipations s'entre-mélangent. Le tableau bigarré, intraçable et, à la limite, incolorable n'a rien d'une icône.

101

Tout, ceci et cela et le reste, ne se dit, ne s'expérimente, n'inspire une pratique correspondant au centre du réseau des renvois et un mode d'usage, qu'en se déployant dans un ensemble fragmentaire d'innombrables signes et signaux.

102

Le savoir absolu consiste à savoir qu'il n'est pas savoir et qu'il n'est pas absolu. Indicible en toute rigueur et incapable de servir de guide pour l'action, il inspire quand même le schéma des schémas et les quasiment impossibles modèles.

103

La puissance protéiforme du dire se contredit, paraît-il, dans le dit. Celui-ci mène cependant comme une seconde vie, éloigné de sa source, ayant tendance à se réifier. L'agir aussi se concrétise en actions, en résultats qui dépassent de loin l'impulsion initiale, elle-même assez trouble dans l'écheveau où dire c'est aussi faire et faire c'est aussi faire parler êtres et choses.

L'expérimentation à laquelle on fait quasi obsessionnellement toujours appel et qui apporte certainement de précieux résultats ne résout pas tout, loin n'en faut. Pour nécessaire qu'elle soit, elle constitue un cas particulier de l'expérience en général où se mêlent inextricablement dire et faire, le dire travestissant le faire, le faire travestissant le dire.

104

Tout porte à croire et même à penser que le comportement producteur de l'homme est à la source de la pensée abstrayante. Toutefois, ce comportement lui-même est également déterminé par ce qui ne relève pas de lui seul. Une ouverture réciproque relie le lieu et les instants de l'homme au lien de tous les liens. Les rapports entre ce qu'il est convenu de nommer la théorie et ce qu'il est convenu d'appeler la pratique sont inélucidables tant qu'on demeure dans la scission, l'unité artificielle, ou dans la prédominance de la théorie ou de la pratique. L'origine même de la distinction se dissimule et son sort demeure incertain. Nous sommes aveuglés par les fixations et la bipolarisation constante. L'expérience se fait et se dit multiplement, est pensée multiplement, la pensée s'expérimente, se dit et se pense multiplement.

105

La pensée émerge de la non-pensée et celle-ci, difficilement nommable, est encore plus problématique que son contraire qui n'est pas uniquement son contraire. La non-pensée nous interroge. De toute manière, elle ne constitue pas un dehors absolu de la pensée, ni relatif d'ailleurs. La non-pensée entoure et pénètre constamment la pensée qui se brise contre elle. La plus grande vigilance à l'égard de la métaphysique implicite d'une parole ou d'un geste est de mise pour ne pas succomber aux pièges du nominalisme et du réalisme.

106

Il y a dire et il y a faire. Il y a faire et il y a dire. Tous deux – les séparer se révèle théoriquement et pratiquement difficile – nous font parler et agir, en nous laissant néanmoins dans une étrange méconnaissance du dit et du fait, du fait et du dit.

107

Tout ou presque se laisse traduire, et non pas seulement au niveau du langage qui d'ailleurs n'est pas un niveau séparé ; mais

comme tout se laisse traduire, l'eau fraîche de source tiédit, devient plus rare.

108

Il est quasiment impossible pour chaque penseur de dire la pensée qu'il tente de penser et il lui est encore plus difficile de dire la pensée d'un autre penseur. Ce qui d'une pensée ouvrante ne féconde pas un autre penseur connaît l'implacable sort de la vulgarisation, devient *-isme*. Il est très malaisé pourtant de demeurer longtemps à l'air raréfié du sommet.

109

Quand nous parlons et nous pensons, pensant le langage et parlant la pensée, une étrange déstabilisation a lieu, indice d'une proximité et d'une distance aux signes qui s'inversent paradoxalement. Nos paroles, nos pensées et nos écrits restent – encore ? – si humains, bien que d'autres appels et d'autres voix se soient déjà fait entendre. L'innommé, et non pas l'innommable, différent du sans-nom – le sans n'est pas privatif et « le » sans-nom, centre du rapport entier, ne sera jamais appelé –, tout en se faisant attendre, a été dit et reste à dire, dans une parole pensante se retirant.

110

Les grandes pensées des grands penseurs, avec leurs failles et leurs percées, ne peuvent pas être prouvées ou démontrées, pas plus que réfutées. L'oubli et la mémoire anticipatrice s'emparent d'elles, d'elles qui scintillent dans le clair-obscur du firmament.

111

Aucune œuvre de la parole et de l'action n'est fortement homogène et univoque. Inscrite dans ce qui la déborde, elle demande à être comprise principalement à partir d'elle-même, en elle-même. Cependant, le questionnement la concernant rencontre les problèmes touchant à sa genèse, sa structure, ses retombées, ses interprétations. Car une œuvre continue d'exister dans les diverses interprétations qu'elle suscite, les commentaires qu'elle provoque. La critique interne ou externe d'une œuvre poursuit son travail et la combinatoire des significations fonctionne constamment sans parvenir à l'épuisement. Une œuvre – pour employer encore ce mot un peu pompeux – s'excède multiplement et contradictoirement, demeurant tout à la fois ambiguë et dissimulée, ouverte et offerte. Fruit de la passion et de l'action, elle implique un nœud qui résiste aux tentatives de le dénouer. D'une certaine manière et tout en rayonnant, elle se détruit elle-même. La recherche du véritable message de tel ou tel créateur, de telle ou telle création, généralement se leurre.

112

Nous n'allons pas plus loin. Nous allons ailleurs. L'autre dire est notre grand tentateur. Ainsi qu'une action totalement inédite. Tout ce qui a lieu, tout ce qui se passe, s'il a lieu et s'il se passe, évolue selon des prévisions déjà formulées. Pour ceux qui n'ont pas froid aux yeux. Ceux qui suivent récoltent généralement ce qu'ils ne peuvent que récolter : un rejet de ce qui dérange, une hostilité à l'égard de ce qui indique quelque chose comme une secousse et des réactions passéistes ou benoîtement progressistes.

113

C'est dans la cohérence problématique d'une vie, disons individuelle, d'une histoire, disons universelle, que les grands novateurs surgissent et forment une lignée presque continue mais non univoque. La spirale de la temporalité s'enroule et se déroule avec nous et prend chaque fois fin avec nous. La parole et le faire producteur – la parole est productrice – continuent sur leur lancée, à l'élan brisé, quand la lassitude prend le dessus. La tendance à styliser des moments, des périodes, des structures, des flux est tenace et ordonnatrice. Il lui arrive de voir que l'origine implique la fin qui la relève, et que l'immense effectivité de ce qui est – ou est censé être – mort s'exerce multiplement. Si le vivant essaye lui-même de se maintenir, il nous incombe de maintenir productivement ce qui est mort.

114

Même dans le langage et l'action, les forces adverses ne s'ajointent pas seulement mais ont l'habitude de se détruire aussi réciproquement. Mues par la passion au double sens du terme – au sens du pâtir qui précède l'agir et au sens de la passion active – et surdéterminées par les tonalités affectives, ces forces, ces puissances qui sont en même temps des impuissances, se déclenchent en mettant en mouvement ce qui, plus fort que l'homme, le requiert. S'il s'agit de ne pas surestimer l'homme, il faut également ne pas sacrifier au mépris pour l'homme et ses œuvres, pour les hommes de la moyenne, de la moyenne à la puissante médiocrité qui s'oppose à toute puissance créatrice et outrepassante avant de la domestiquer et de la banaliser. Le centre de cette moyenne est impossible à situer avec exactitude et nous en faisons partie. S'en éloigner ne peut signifier que s'éloigner d'un lieu commun. Le plus qu'humain, juste entrevu, porte les indices à la fois d'un gain et d'une perte, et relève d'une précompréhension qui opère avant toute saisie et la transit d'un bout à l'autre. Nous ne voyons que ce vers quoi nous avons dirigé notre regard et qui s'impose à notre considération. Les nécessités qui s'enchaînent, mélangées aux hasards – les unes et les autres restant pris dans le même rythme – composent le destin énigmatique du plus qu'humain. Celui-ci n'est pas à comprendre comme une entité empirique ou transcendantale surgie on ne sait pas d'où et comment, mais comme une question et une épreuve mettant à l'épreuve le dire et l'agir traditionnels ou prétendument novateurs.

115

L'immense puissance de l'illusion et du mensonge attend sa compréhension, son interprétation et sa mise à nu. Elle ne s'offre pas aisément à la saisie. Ni malaisément d'ailleurs. Le règne de l'illusion, où être, paraître et apparaître s'offrent et se comportent, vient toujours troubler nos paroles, nos pensées et nos actions. Aucun renvoi à une vérité ou à un dévoilement ne rend justice au problème. La domination du mensonge volontaire ou involontaire ne peut pas non plus être radicalement secouée. Nous en avons vitalement besoin. Et le mensonge dit aussi, à sa manière, « ce qui est » et non pas le « non-être ». Il le fuit en le travestissant, en faisant « être » quelque chose d'autre. Car quelque chose se révèle dans ce que nous essayons de dissimuler. Quant à la fameuse déconstruction, elle s'abîme elle-même dans ce qu'elle prétend déconstruire. Croire qu'on évite un obstacle ne signifie pas qu'on sorte de l'ancienne caverne (platonicienne). Car nous ne sommes ni au-dedans ni au-dehors de cette caverne qui n'est pas une caverne mais la plaine prétendument historique et universelle, plaine sursaturée, au ciel bientôt lui aussi techniquement surpeuplé, pour un certain regard, pour un certain type de rapports.

116

Pendant que les grands créateurs se mettent au service du dire et du faire, quand cela a effectivement lieu, des personnages pittoresques, des figures extravagantes s'agitent sur la scène, en créant parfois des *-ismes*, font quelque bruit et animent quelques spectacles, avant que le rideau ne tombe.

117

Les penseurs d'envergure et les philosophes, tout en se reconnaissant des prédécesseurs, veulent à la fois clôturer une longue époque et inaugurer une nouvelle qui serait la dernière. À leur tour, et comme le reste des mortels mais avec infiniment plus de profondeur, ils succombent à la tentation de maîtriser le temps qui ne succombe à aucune maîtrise, même quand la pensée tente de le penser en son entièreté. À peine pourrions-nous essayer de dire que le destin – la part, le lot qui nous échoit et nous surmonte, nous, mortels – supérieur à l'homme et au dieu, « est » le temps.

118

Précédée certes par certaines figures de « magie », de « mythes », de « religion », de « poésie » et même par certains éléments préphilosophiques, la pensée, disons occidentale, pensée d'un Occident qui s'universalise, à partir d'un moment qui n'est pas qu'un moment et que l'on pourrait nommer platonicien, colore étrangement tous les rapports et le centre du rapport entier. Il s'agirait ni plus ni moins que de l'introduction d'une certaine schizophrénie (si tant est que nous sachions ce que ce mot problématique peut bien vouloir dire), dans notre être et paraître, pâtir et agir, imaginer et réfléchir – étant donné que nous ne sommes pas ici en présence d'entités cloisonnées. Sensible et intelligible, créé et incréé, profane et sacré, subjectif et objectif, entendement et raison, fini et infini, particulier et universel, faible et fort, empirique et transcendantal, authentique et inauthentique, étant et être, constituent des figures dominantes qui nourrissent notre « schizophrénie » qui se nourrit d'elles. Très certainement, ce n'est pas ce que l'on appelle le dualisme qui est ou serait seul ou principalement en cause. Un secret bien plus profond s'y dissimule. La constellation-homme pourrait n'être que la figure de ce secret, liée à une spatialisation et à une temporalisation premières.

119

Ce qui caractérise parfois des penseurs, des poètes et des artistes modernes, dans une modernité toujours en crise, est éprouvé douloureusement : une santé, un psychisme fragiles, instables. Ce ne sont pas nécessairement des freins. Ce qui est à l'œuvre ne le serait peut-être pas sans le malaise qui se poursuit et qu'on ne peut pas découper en tranches somatiques, psychiques, spirituelles ou considérer à partir d'une hypothétique unité non différenciée. Le mouvement créateur, irrépressible, malgré et avec les secousses, va son chemin. Il ne faut pas tout médicaliser, encore qu'un tel élément, compris en profondeur, ne puisse pas être mis entièrement de côté. Ceux qui succombent en essayant d'aller très loin et qui font l'épreuve de leur vision peuvent être appelés d'improbables initiateurs et passeurs. Toute puissance est également impuissance, disait Aristote. Ceux qui découvrent recouvrent également. Et il y a des échecs hautement productifs.

120

La pensée déjà advenue et à venir, à égale distance de la désincarnation et de la massification (et dépourvue de tout mépris pour les masses) ne peut que s'efforcer d'ouvrir un chemin parmi les mirages qui apparaissent et qui ne sont pas tout simplement des mirages. Essayant de faire parler ce qui reste sans paroles, elle introduit l'énigme dans tout ce qui se donne et vaut comme vrai et réel. Se rendant disponible pour un avenir toujours en cours de route, toujours plein de failles, elle assume : elle sait qu'il n'y a pas à attendre le surgissement d'une constellation – ou de constellations – qui ne serait que pleine de lumière et exempte de douleurs.

121

La pensée en action, aussi élevée qu'elle puisse être, cherche également des arrêts, des stabilisations. C'est comme si elle aspirait à la suspension de ce qui vibre toujours, continuellement en suspens. Ainsi Hegel : « À ce dont un esprit se satisfait, on mesure la grandeur de sa perte. »

122

Il y a parole, il y a action. Il y a action, il y a parole. La parole et l'action, identiques et néanmoins différentes, nous font dire et agir et rester quand même dans une étrange méconnaissance du dit et du fait, du fait et du dit.

123

Il y a question et il y a réponse. Une pensée plus profonde arrive à penser que la question n'est pas le commencement absolu et le début de la fin, le terme et le but de la pensée. Car le questionnement lui-même et sa situation privilégiée ont tendance à demeurer inquestionnés. L'inquestionnable même se signale insignement quand le questionnement lui-même se referme sur son énigme. Ce qui se noue dans l'appel à la réponse et dans l'appel de la réponse, cela procède dans le secret et par affirmation. Le centre du nœud ne relève ni de la question ni de la réponse.

124

Que la pensée commence avec l'étonnement, les Grecs l'ont dit. Elle ne vise pas toutefois que le savoir seul, elle veut assurer quelque chose comme une croyance, une foi (non théologiques et religieuses). La relation première de la pensée à… est une passivité active, une sorte de foi, de croyance première, qui prépare ce qui œuvrera par la suite en tant que pensée et action (qui ne se laisse pas couler dans les moules de la théorie et de la praxis). La vue occupe certes une place primordiale mais avec la vue seule et sans les opérations de la main, il n'y aurait ni dire pensant, ni agir effectif. En d'autres termes, et puisque nous voulons si fanatiquement trouver les origines, celles-ci se trouveraient situées plutôt du côté d'une certaine disponibilité disposée.

125

Dire et faire en leur ensemble et en leur scission accueillent et suscitent ce qui advient, le parlent, le pensent et l'édifient. Le dire plus que le dit, le penser plus que la pensée, l'énergie s'accomplissant massivement qui œuvrent et dont les œuvres sont nécessairement imparfaites, sont liés dans et par le rythme de la transfiguration constante, jamais au repos.

♣

V. Ce qui ne nous quitte pas

126

Ce qui ne nous quitte pas est malaisé à saisir, car la différence entre ce qui nous quitte et ce que nous quittons se cache dans les tréfonds des situations et des mouvements. N'ayant jamais pu tirer au clair les liens de continuité et les marques de discontinuité entre notre animalité et notre humanité, nous avons tendance à oublier l'animalité dont le secret nous échappe – nous ne savons même pas en quels termes en parler – et à négliger le fait que depuis l'instauration problématique du règne humain, tout pour lui est désespérément humain.

127

Ce qui ne nous quitte pas se trouve sans cesse transformé. La « nature » humaine est continuellement modifiée, non pas tellement par ce que projette l'homme mais par ce qui à travers lui le projette vers les lointains. L'animalité nous est proche et si étrangère. Car tout chez l'homme est humain. La divinité reste retirée et la technique fait tout son possible pour s'accaparer tout ce qui nous quitte en ne nous quittant pas. Ainsi tourne et retourne la roue de l'infortune : *animalité-divinité-humanité-technicité*.

128

Il est certes pertinent de se demander si un élan originel, un foyer de feu dispensateur ne poursuit pas toujours son œuvre, avec ses multiples métamorphoses, connaissant des hauts moments et des avalanches de banalité. Cette étincelle, provenant tout autant du passé que de l'avenir, tremblante, serait peut-être apte, en pleine extension mondialisée de l'insignifiance, à se mouvoir au centre fuyant de ce qui ne nous quitte pas.

129

Il est fort possible que ce qui ne nous quitte pas ait sa demeure dans le non-dit. Nous cherchons à le nommer. Mais comment nommer justement ce que depuis toujours et encore nous cherchons ? Car ce dont nous relevons se situe immanquablement dans les trois dimensions classiques du temps, fait signe en tant qu'advenir, advenu et advenant et comme advenir pris et compris dans un seul mouvement caractérisant chacun de ses moments. L'omnitemporalité implose et explose trinitairement et, surtout, unitairement. Elle détermine ce qui nous quitte tout autant que ce qui ne nous quitte pas.

130

Nous restons encore fortement attachés – malgré tous les démentis – à la nostalgie et à l'appel de la matérialité, à la nostalgie et à l'appel de l'idéalité. Toutes deux, et sans que nous comprenions leurs connexions, offrent une base et un recours. Ainsi du moins pensons-nous. Consécutivement nous sommes fort embarrassés quant à nos rapports à la main et à l'outil, au regard et à la vision. D'autant plus que nous ne savons pas comment les distinguer et les unir. Leurs spécificités et l'unité qui est à leur base échappent à nos pratiques et à nos théories.

131

Cette tonalité crépusculaire qui s'empare de tout ne semble pas devoir nous abandonner de sitôt. Ce qui caractérise l'ordre-désordre dominant et universalisé et ce qui se manifeste à travers les contestations et les révoltes ont le même air d'épuisement, de lassitude. Dans la désorientation générale, le « présent » perdure et s'étend, s'éternise. Il se remplace lui-même, se répare et se réforme. Perpétuation et répétition, production et reproduction, suivent leur train et tout recommence, tandis qu'on rêve à des nouveautés spectaculaires.

132

Quitter amicalement ce que nous ne parvenons pas à quitter. Cela ne constitue pas une tâche programmatique. En outre, la différence entre ce qui se retire et ce dont nous nous éloignons reste fort imprécise. Des paroles pensantes ont nommé : la *fin de l'histoire*, l'*aliénation*, le *nihilisme*, l'*oubli de l'être*, la *nuit du monde*. Ces événements historico-mondiaux ont en effet connu et connaissent une fin qui perdure, une aliénation qui aliène, un nihilisme qui règne tout en se nihilisant, un oubli assumé et saturé, une nuit devenue indiscernable du jour. Ce qui nous est dévolu : vivre et penser à partir de l'advenir, ne constitue aucunement une proposition.

133

Ce qui ne nous abandonne pas, qui nous colle à la peau et non pas seulement à notre peau puisqu'il pénètre tout notre « être », ce qui constitue à la fois un état et un mouvement perpétuel, n'est autre que notre si grande tendance à la superficialité qui va jusqu'à la haine, naturellement non reconnue, de la profondeur. Il ne s'agit pas ici de la distinction antidémocratique ancienne et moderne entre les meilleurs, les plus rares, et la multitude, la foule. Il ne s'agit pas d'une dualité. La tendance presque irrépressible vers les banalités fondamentales qui se ferment à tout ce qui est grand en le ramenant vers leur pauvre petite mesure a sa propre raison d'être et de méconnaître, d'être fermée et d'ignorer toute affirmation et toute négation. Dans sa massivité, elle a sa nécessité : elle correspond au courant terne et gris du grand fleuve auquel nul ne peut se soustraire, car il nous submerge infailliblement, nous porte et nous emporte.

134

Conjointement, il y a, le dire serait inutile, la tendance vers toujours plus de profondeur dont témoignent poètes, penseurs, romanciers et des gens dits du peuple. Tendances matérialisantes et tendances idéalisantes ne font pas deux et ne sont pas des parallèles euclidiennes qui ne se rejoignent pas. Car les risques sont décisifs tant du côté de la superficialité que de celui de la profondeur. Tous les êtres vivent et meurent marqués par leur démon. Ce démon touche ceux qui cherchent la sécurité et ceux qui osent. Il veille sur tous et les précipite à la catastrophe.

135

L'homme traditionnel – à supposer que l'on sache en quoi consiste son humanité et quelle tradition la charrie – ne nous abandonne pas facilement, ne nous quitte pas. L'homme sous sa forme actuelle, jeté dans une aventure dont il ne connaît pas la fin, est plus qu'un être de la finitude, une étrange figure frappée du sceau de la fin. La mue ne lui est cependant pas étrangère.

136

Ce qui par excellence ne nous quitte jamais n'est autre que l'irrémédiable. Il se dit et agit multiplement, aime à se déguiser et ne resplendit à la lumière qu'aux très hauts moments de lucidité. Sans oublier également la pression irrésistible de l'irrépressible qui ne nous lâche pas, nous, hommes, êtres étrangers, entre l'animal et la machine, qui souhaitons parfois secrètement être des anges.

137

Quitter la modernité, sortir d'elle, s'en libérer sans ressentiment ne semble pas nous être – encore – donné. Sa rotation se poursuit et, bien que tout ce qui passe mérite de passer, elle se tient toujours là, marquant sa fin, maintes fois proclamée. Sortir de l'époque n'est pas dévolu à l'humain. Tout ce qui a parcouru, tout ce qui l'a parcouru reste à méditer et ce qu'il n'a pas parcouru donne à penser. Quant aux endroits et moments où quelque chose s'est passé, ce sont comme des trous appelants pleins d'énergie.

138

La ruse sinueuse et insinueuse dont nous ne parvenons pas à nous rendre maîtres, travaille les vieilles ruines et les nouveaux édifices et, malgré notre supposée intelligence si soupçonneuse, nous ne parvenons pas à la quitter, en dépit et à cause de toutes nos conjurations. À la fois amie et ennemie du genre humain, pourfendeuse de fictions qui ne peuvent pas vivre et évoluer sans elle.

139

L'insaisissable, qu'au lieu et au moment décisif nous ne pouvons pas capter, ne nous quitte pas. Chaque individu, chaque groupe, chaque époque ne peuvent parvenir que jusqu'à un certain degré de compréhension de ce qui les concerne. Le « reste » se dérobe et c'est comme s'il se moquait de nous. De nous et de notre cohorte de palabres, d'activismes, de machinations. L'assimilable et l'assimilé doivent être broyés pour être encore mieux digérés.

140

Au grand jamais ne nous quittera ce qui nous arrive quelque part, pour quelque temps, dans un horizon circonscrit, comme s'il s'agissait de nous empêcher d'une perte, d'une insoutenable ouverture.

141

Tourmentés par une très haute exigence, nous nous ruinons à peu près en essayant de l'atteindre, tout en la fuyant aussi. L'attirance vers le haut ne trouve son équivalent que dans la si puissante attirance vers le bas. Chercher les communications secrètes qui relient ces attirances et opérer une mutation qui surmonte tant l'homme théorique que l'homme technique pourrait être et devenir la puissance qui s'arrache et ne s'arrache pas à tout ce qui ne nous quitte pas et à son innombrable cortège de présupposés.

142

Parler de ce dont on ne peut pas parler, tenter de faire ce qui ne se laisse pas faire, se poser des questions pour lesquelles il n'y a pas de réponses, voilà ce dont l'humanité ne parvient pas à se défaire tout le long de sa course qui a toute l'allure d'une catastrophe inachevable.

143

Ce qu'avec difficulté nous pourrions nommer l'« avant nous », ce qui a été (ou « été ») avant la constellation-homme ne cesse de nous régir, encore que ce soit à travers un « après » qu'il est envisagé.

144

La tonalité que l'on appelle, faute de mieux, affective, cette disposition dont l'importance est si grande et qui nous relie au centre des rapports et à toute une gamme de manifestations qui vont de la lassitude à l'ardeur, de l'ennui à la témérité, traverse toutes nos passions, nos actions, nos omissions, nos pensées. Son élément le plus fort pourrait être l'affirmation et la négation simultanées de tout ce qui se déploie.

145

Au fond de tous les comportements, au fond de toutes les percées, il y a une immense demande qui reste inassouvie. Ainsi une grande attente reste en suspens, telle une comète avec son noyau dur et sa chevelure diffuse.

146

L'extermination réciproque des puissances adverses est une expérience que nous avons mille fois faite, souvent à notre insu, et qui reste constamment à faire. Et nous avons à l'éprouver plus qu'à l'expérimenter.

147

Il nous arrive incessamment d'être les témoins, sinon les acteurs, d'un fait saillant : quand deux appels ou deux situations nous sollicitent, une troisième puissance, bruyante ou silencieuse, attend son heure et nous surprend.

148

Dans le passage d'Est en Ouest et d'Ouest en Est, dans le passage du mythe, de la religion et de l'art en philosophie et science (techno-science) et bien qu'il n'y ait pas un livre du destin de l'humanité que l'on puisse lire à livre ouvert, règne toujours, d'une manière ou d'une autre, cette tentative d'appréhension : essayer de saisir ce qui se dérobe, avec la crainte à la fois de ce qui est saisi et de ce qui n'est pas saisi. Quant à la possibilité de nous ouvrir à et de correspondre amicalement avec ce qui nous saisit, peu nombreux sont enclins à s'y engager.

149

L'inlassable critique, tantôt molle tantôt acerbe, de notre civilisation et de notre culture et de tous leurs cortèges de maux ne laisse de se répéter, elle et ses mises à jour incessantes, touchant parfois des points sensibles. On se repaît de cette critique qui finit par faire partie de ce qu'elle critique, qui accompagne l'époque comme son ombre. Se faisant toujours au nom de quelque chose et sans l'avouer, cette infatigable et incomplète critique vole nécessairement bas, et, même quand elle prend de la hauteur, elle manque de cette envergure qui fait reculer les limites du pensable.

150

La figure – particulière – de l'individu tourne toujours et encore autour de nous et nous autour d'elle. Figure elle-même d'une bien plus vaste configuration, incomplète et inachevable, la figure brisée de l'individu cherche, mais en vain, l'impossible fermeté et complétude. Il fut un temps où sa quête visait l'absolu (individué ou non individué). Puis elle se rétrécit considérablement, tout en se socialisant. Individu social et société des individus relèvent du même. L'individu pleurniche sans arrêt et s'apitoie sur son malheur, et la société se plaint perpétuellement de ses maux. Pour l'individu, prétendument solitaire et effectivement socialisé, sa petite image devient le miroir taillé à sa petite mesure où il se mire. Il « aspire » à une réparation. Mais cette machine, cette machinerie, est irréparable. Autre serait le chemin, non pas vers le bonheur bon marché mais vers un cheminement différent de l'humain que nous sommes et ne sommes pas. Il s'agirait dans ce cas d'oser aller au-delà de l'individuel et du collectif, voire au-delà de l'« humain » rétrécissant et rétréci. L'appel est lancé mais il n'est pas dit que l'homme soit capable de quitter ce cheminement qui ne veut ou ne peut pas nous quitter. Le mot de l'essor peut être trouvé. Il dirait : passer outre. Il est cependant compris dans l'engrenage de ce qui ne nous quitte pas, ce chemin que nous suivons en claudiquant et ayant besoin de béquilles. L'ultime figure de l'individu – qui conserve et surmonte – n'a pas encore fait son entrée sur la scène publique.

151

Conséquemment, toute cette anthropologie négative dans laquelle se lancent et s'engluent de si beaux esprits, pis encore, toute cette anthropologie positive aux inépuisables et massives recherches et aux résultats grossièrement tangibles, les unes aux accents mystiques, les autres asphyxiées par ce qu'elles traquent et l'asphyxiant, en un mot toute cette anthropologie bifurquée comme il se doit – intériorisante et extériorisante – fait tout ce qu'elle peut pour éviter le risque majeur. Ces anthropologies régionales – elles ont fait de l'homme une région – composent et décomposent des entités artificiellement séparées et, quand même elles les fluidifient, elles ne changent pas radicalement de terrain. L'assise est convenue. Ce à partir de quoi elles opèrent demeure fixé et figé, quelle que soit la mobilité de l'interrogatoire. Leur centre épuisé n'est pas encore assez épuisé pour pouvoir nous quitter.

152

Il ne semble pas être possible de quitter ce qui ne nous quitte pas ou au moins qui ne s'apprête pas à nous quitter. Comme il est extrêmement difficile de se tenir très haut très longtemps, les moyens termes ont tendance à s'imposer à nous et à ne pas nous quitter aisément. Et comme il est impossible de fonder l'homme sur l'être ou sur le néant, il nous faut, s'il est possible, surmonter les ruines d'une culture et d'une civilisation pantelantes, apprendre à supporter l'insupportable sans résignation amère et sans nous soumettre à la tyrannie de l'opinion ou à celle de notre petit ego.

153

Ce qui nous quitte et ce que nous quittons ne peuvent pas apparaître comme une identité, sans qu'ils soient séparés par un abîme. En des moments exceptionnels de coïncidence, il y a parfois comme une adhésion complète à ce qui a lieu et dont nous ne sommes pas exclus. L'omnitemporalité peut accueillir tous les instants importants qui tout en lui appartenant semblent lui échapper. Ce sont les moments infinis de notre finitude.

154

Nous voulons croire que certaines forces sont résistantes au lieu et au temps, nous les désirons inaltérables au temps et à leur propre corrosion intérieure. Ainsi va-t-il de l'amitié, voire de l'amicalité qui dépsychologise les rapports. Nous attendons qu'à l'horizon nous attende la figure de l'ami qui nous attend. « C'est l'ami ni ardent ni faible. L'ami […] Était-ce donc ceci ? / – Et le rêve fraîchit. » Cela a été expérimenté par Rimbaud. Il y a des paroles et des gestes que l'on caractérise trop aisément comme désabusés. Il y a toutefois aussi la possibilité qu'une attente altière ne soit pas, comme on dit, désenchantée, mais qu'elle se situe bien au-delà et des illusions et des désillusions.

155

Ce qui semble ne pas vouloir ou pouvoir nous abandonner, c'est la recherche constante du plaisir. Que cette recherche corresponde à une pulsion, un besoin, un désir, à une représentation ou à un fantasme, sa marche fugueuse ou mesurée ne semble pas être apte à s'arrêter. Simultanément, sans pouvoir éviter le déplaisir sinon la douleur, nous agissons comme si nous les recherchions également et parfois davantage. Dans son étude « Au-delà du principe du plaisir », Freud a donné quelques précieuses indications sur le rapport entre plaisir et mort, tout en restant à l'intérieur de la construction et de la mythologie psychanalytiques. À travers et au-delà du plaisir – et non pas seulement de son principe – une autre dimension se fait jour, bien qu'elle reste obscure.

156

La nécessité ou même l'obsession d'un constant renouvellement s'impose à nous et nous talonne depuis l'aube de la modernité renaissante ou « renaissante » et jusques et y compris et, encore plus fortement, pendant l'époque de l'achèvement des temps modernes. Nous aspirons au neuf, à l'originel, au sensationnel, à la trouvaille, au procédé, inlassablement. En même temps, cependant, suit aussi sa voie un désir profond de retour à une source immémoriale qui éveille une immense nostalgie ainsi qu'une aspiration au silence final des profondeurs.

157

La pesanteur et la lourdeur. La superficialité et la futilité. La trivialité et la niaiserie. La médiocrité et la banalité. L'insignifiance et la platitude. Elles ne veulent et ne peuvent pas nous quitter, s'accrochent à nous, et nous ne pouvons que très difficilement passer outre. Or, comme nous ne sommes pas capables d'éliminer de notre être-ensemble toutes ces manifestations qui tirent vers le bas, nous sacrifions à leur autel, sciemment ou pas. La bêtise crasse et la bêtise sophistiquée accomplissent leur rôle constitutif et régulateur et cimentent les piliers de la vie individuelle et de la vie collective des petits et des grands. La bêtise a une histoire. Aux anciennes bêtises succèdent les nouvelles. Cette histoire n'indique ni une progression ni une régression. En fin de compte, il peut même sembler inopérant de parler de quelque chose d'aussi vague et d'aussi pesant que la bêtise. Cependant les lignes qui précèdent, essayant non pas de creuser la bêtise polymorphe, conditionnée et conditionnante, mais de signaler une lame de fond, ne constituent pas des réflexions d'un moraliste. Elles tentent de rendre transparent ce qui ne l'est pas.

158

Les circonstances passablement conditionnantes auxquelles nous sommes tellement attachés et qui existent en fait partout et toujours, ne nous obligent pas à ne nous en tenir qu'à elles et à ne pas voir plus profond et plus loin.

159

La rotation se poursuit inlassablement et nous souhaitons toujours et toujours à nouveau une fin heureuse pour les personnes et les situations. Les réalités – dures ou floues – produisent des rêves qui à leur tour produisent des réalités dures ou floues. Quant à ce qu'on appelle, faute de mieux, malheur ou bonheur, nous sommes et nous restons foncièrement inexpérimentés.

160

Immanquablement et avec un tiède fanatisme, nous situons tout du côté de chez l'homme. Et il nous est presque impossible de quitter ce côté. C'est l'autre côté pourtant qui, à notre insu, exerce la plus grande puissance englobante ; il n'est pas un « côté », mais le rapport entier y compris son centre, d'où l'homme n'est pas absent.

161

Ce qui prétendument ne nous quitte pas nous a déjà quelque part quitté et nous hésitons à le quitter de peur de rester sans appui. Notre quête se poursuit et la recherche de l'appui l'alourdit trop souvent, l'empêchant de suivre son élan.

162

Ce qui est digne de remémoration, toujours métamorphosante, n'est pas identique à ce qui ne nous quitte pas. Et ce que l'on désigne sous le nom de fidélité est constamment en pleine transformation. Ce qui a été et n'a cessé d'être, ce qui devient dans la présence et ce qui vient vers nous en tant qu'avenir, loin de nous concerner comme des entités plus ou moins finies, ne nous quitte certes pas, même à travers nos négligences majeures, se manifeste et se développe comme un changement qui n'est pas une simple altération, une altérité vague et diffuse, mais se révèle aussi comme ce qui s'éploie spatio-temporellement et comprend nos rapports à lui qui connaissent des ruptures plus ou moins décisives et des nouveautés plus ou moins radicales, à la fois avec continuité et discontinuité.

163

Ce à quoi nous nous accrochons possessivement, dans tous les domaines et sur le plan même où s'ajointent et se défont les liens, est ce qui nous échappe par excellence, car tout avoir est destiné à être secoué de fond en comble par la loi ambiguë des partages qui buttent eux-mêmes sur une limite infranchissable.

164

L'irrépressible nécessité du grand compromis et de toute une série de compromis est bien plus forte que nous. Les compromis nous tiennent. Nous n'en sommes pas les maîtres. Les critiquer n'aboutit pas à grand-chose, puisque la critique n'est en général que le reflet de ce qui, critiqué, se trouve souvent ainsi renforcé ayant trouvé son alibi. Comme il n'est pas en notre pouvoir de l'ignorer, il nous est possible cependant d'exercer à l'intérieur d'elle la ruse la plus mordante, sans nous laisser submerger par le chagrin.

165

Dans nos rapports divers et variés, avec nous-mêmes, les autres et les choses, ne nous quitte jamais *le* rapport dans lequel nous sommes inclus et dont nous faisons partie intégrante, que nous portons au langage et que nous activons.

166

Dans ce qui ne nous quitte pas fonctionne toujours ce qui advient. Même ce qui nous quitte est une manière d'advenir.

♣

VI. Le quotidien et le transquotidien

167

LIEUX ET TEMPS du quotidien dépassent à proprement parler le quotidien, ce qui ne les empêche nullement de s'abîmer aussi en lui. S'offrant comme un petit abîme et une petite demeure, le quotidien propose un refuge d'où l'on cherche maladroitement à s'évader, car il pèse sur nous, nous paraît insupportable. Et comme une vie se construit en très grande partie contre les vicissitudes qui l'assaillent, nous avons besoin de ces remparts censés nous protéger contre ce que le transquotidien ébranle.

168

Les critiques de la vie dite quotidienne se poursuivent inlassablement. Elles ne parviennent pourtant pas à voir simultanément les deux faces de la pièce. À travers le quotidien, un signe inapparent se laisse lire et dire. La pensée doit affronter l'obstacle qu'elle-même dresse et qui se dresse également lui-même, c'est-à-dire qu'elle a à vaincre amicalement une résistance insigne.

169

Même au temps du (et des) conformisme(s), les échappées ne se refusent absolument pas à ceux qui osent déchiffrer à la fois à la loupe, dans les moindres détails, et avec une vue d'aigle, l'ensemble des assises qu'offre la vie quotidienne ainsi que les pièges dans lesquels elle nous fait succomber, nous autres, qui sommes et ne sommes pas quotidiens.

170

La vie quotidienne s'outrepasse elle-même. Le transquotidien nous fait signe et donne à penser. Plongé dans ce que couramment nous appelons le quotidien, le nourrissant et nourri par lui, il effectue une percée, en sollicitant nous autres hommes qui « sommes » et ne « sommes » pas transquotidiens. Au grand jamais les contours du quotidien et ceux du transquotidien ne pourront être nettement tracés.

171

Il ne faut pas constituer la vie quotidienne comme une image ou un ensemble qui est là ou qui évolue également, il ne faut pas la présupposer d'abord pour ensuite la questionner. Tout autant le quotidien que le transquotidien font question et les interprétations sont à interpréter.

172

Il y a un souhait sourd, persistant, qui vise quelque chose comme la transfiguration de la vie quotidienne. Ce qui est à changer demeure toujours ou trop précis ou trop imprécis. Ce qui « devrait » venir d'ailleurs a pourtant toujours été là, reste toujours à venir et sa venue demeure à jamais différée. Le transquotidien – incalculable mais non inquestionnable – n'est pas l'affaire de la seule pensée.

173

La quotidienneté où peuvent coexister un morne ennui et une excitation permanente, où une banalité exterminante n'exclut nullement des artifices répétitifs prétendant chaque fois à l'originalité, a des racines profondes et des assises solides. Elle n'est certes pas *le* plan où tout se déroule et s'enroule, mais tout passe également en elle. La transépoqualité n'est pas un au-delà céleste.

174

La dévastation qui règne quotidiennement, la désolation qui étouffe l'élément poétique, la désertification ne datent pas d'aujourd'hui ou d'hier, et elles coloreront les temps futurs. Nous avons autant besoin d'elles que de la vie et de la mort.

175

Le transquotidien ne déserte aucunement le quotidien. Il le traverse, l'interroge, il forme ce en quoi le quotidien lui-même constitue également l'espace-temps d'une configuration. Le transquotidien n'est pas métaphysique, il ne transcende pas le quotidien, n'est pas un transcendantal. Transversalement au quotidien, à la fois il transfigure celui-ci et obéit à un appel qui lui revient.

176

Lui-même conditionné et conditionnant, plein de ruses primaires et élevées, lieu de la coexistence des contraires, réconfortant et contrariant, le quotidien et la vie qu'il vit, la vie qu'il meurt et la mort qu'il vit, telle une forteresse aux fondements vermoulus et à l'horizon bouché, échappe à toute appréhension massive. À son niveau, où tout ne se défait pas seulement mais où se situe *aussi* le lien de tous les liens, il s'agirait de *tenir*, inspiré et aspiré par le transquotidien.

177

Un élan vers le centre de l'ensemble de tous les renvois, un essai de saisie du rapport de tous les rapports, bref une tentative de percée qui demeure fragmentaire et ne devient pas totale demande de la vaillance et de l'endurance. Et une part de sacrifice. Se mouvant de manière traversière dans le quotidien, affectée par lui, travaillant à une métamorphose transquotidienne, elle ne peut que sombrer également et, dans et par-delà sa perte, ouvrir un chemin dans le labyrinthe.

178

Pour affronter tout, aussi bien le quotidien que le transquotidien, nous nous croyons prêts. Car nous avons fourbi nos armes technico-scientifiques, qui ne demandent qu'à fonctionner : les fameuses « raisons psychologiques » et les non moins fameuses « raisons socio-historiques ». Elles croient expliquer, pouvoir remédier, proposer des solutions et des saluts. Les dispositifs et les disponibilités sont en même temps bloqués et mobilisés et tout suit son cours. Croyance, savoir, pouvoir ont ainsi rendu la vie problématique sur la planète et quant à la mort elle se trouve considérée comme une négation de la vie ou, pour les fidèles, une survie éternelle.

179

Psychisme et époque nous tiennent dans leurs rets et leur rythme. Le psychisme n'est ni un aspect du fragment humain – à côté du corps et de l'esprit – ni une dimension particulière. L'époque plus que la forme sociale transit toutes nos manifestations. Psychisme et époque, tout en imprégnant fort la vie quotidienne viennent de plus loin, vont plus loin. Même en les appelant transquotidiens, on en dit trop peu.

À plus d'un titre, la vie courante peut apparaître comme aplatie et aplatissante. Elle est traversée pourtant par des fleuves. L'amont, l'aval, la coulée souvent se confondent. Nous restons collés au très fixe ou nous dissolvons tout dans une incessante fluidité. Le décisif se situe ailleurs.

180

Nous expérimentons insuffisamment – et sans qu'il y ait une mesure du suffisant – l'intrication du quotidien et du transquotidien. Dans l'entrecroisement des puissances adverses, il pourrait se révéler que les courants ne connaissent pas seulement un assèchement. Hölderlin voyait loin : « En vain ne vont / au sec les fleuves. » Et tout de suite il s'interroge : « Mais comment ? »

181

Les brisures de et dans la vie quotidienne nous montrent assez clairement que tout rapport – fût-il le rapport ultime ou suprême – plus qu'ambivalent ne cesse de fonctionner comme un rapport brisé reliant et séparant des éléments, des dimensions, des plans, eux-mêmes irréductiblement brisés.

182

Le quotidien le plus quotidien implique le festif, l'exceptionnel et le catastrophique. Il ne constitue ni la terre nourricière de tout ce qui pousse ni l'abîme où tout va dégringoler. En lui se rencontrent quotidiennement prose et poéticité.

183

Il va sans dire que le champ vallonné de la quotidienneté n'est pas seulement habité par des souffrances ou par une indicible et presque imperceptible douleur. Il connaît également des clairières où le possible et l'effectif se rencontrent. Ce qui cependant est difficile à dire et à vivre c'est le rapport du désert et du désertifié aux lieux et aux moments où surgissent des sources. En tout cas, parler d'un rapport du désert aux oasis n'est guère pertinent. De même qu'il reste extrêmement difficile d'élucider les rapports du pâtir et de l'agir. Sur le chemin de la rencontre de la « passivité » et de l'« activité », il n'est pas exclu que nous soit octroyée une expérience où liberté et nécessité ne s'opposent pas comme deux entités contraires.

184

Pour affronter le désert, il est nécessaire de savoir déserter en vue d'une question répondante et d'une réponse énigmatique qui, transversalement à nos situations quotidiennes, communiquent avec les sites transquotidiens. Ce qui signifie : succomber productivement à une fascination rayonnante. Arpenter productivement le désert qui nous affecte.

La vie quotidienne n'est pas seulement le domaine du vague, de l'imprécis. En elle se dessinent les lignes de force qui nous rythment puissamment, avec et malgré leur caractère aléatoire.

185

La quotidienneté, en dépit de son aspect relativement ordonné, routinier, assez prévisible, cache tout un aspect labyrinthique où se croisent des êtres et des choses qui nous concernent étrangement, où des monades, des foules et des nomades se rencontrent et se ratent dans les ramifications multiples. Nécessité et hasard y font bon ménage et il y a des aléas qui rendent également possibles des choses inhabituelles, pourvu que l'on soit disponible à elles. Ce qui ressemble à un destin peut avoir aussi cours dans la vie la plus quotidienne. Car il est dans la possibilité de cette vie diurne et nocturne de se manifester comme « clairière du retrait de la présence » (Heidegger).

186

Trop souvent la différence entre le quotidien et le transquotidien demeure indécelable. Et ce qui joint la quotidienneté et l'exceptionnel – mais la quotidienneté ne manque pas nécessairement d'exceptionnel – et les disjoint se dérobe à notre prise.

187

Dans les dédales de la quotidienneté et de la transquotidienneté mêlées, dans l'enchevêtrement de leurs présages, une poéticité circule parfois quasi clandestinement avant d'échouer dans la célébration de la poésie.

188

Les troubles secrets, journaliers et dépourvus d'une grande importance, ne sont pas inaptes à manifester parfois la puissance du négatif.

189

Les chapes de plomb qui tombent souvent sur la vie et les villes n'excluent pas les très rares moments où tout *semble* possible. Cela peut se passer sans précipitation et sans urgence.

190

Si souvent nous avons envie de larguer les amarres, d'abandonner ce à quoi nous sommes liés, une autre attitude peut se révéler bien plus féconde : lâcher prise, tout en continuant et en recommençant, dire et faire sans faire semblant.

191

Le quotidien (avec et sans guillemets) recèle des ambiguïtés profondes. Il forme une manière d'être exposé à…, sur le mode de la banalité en général, de l'uniformité. Extrêmement peu nombreux furent et sont ceux qui ne menèrent pas une existence banale. Même les vies exceptionnelles ont quelque part un côté banal. Cela est encore plus perceptible dans l'ère de la technique ultime. (Connaîtra-t-elle un temps d'arrêt, ou même un but final ?) Nous tous, nous « sommes » devenus le dispositif, le réseau, le montage technicien. Au cours de la marche de la technique vers…, ce qui est époqualement dominant s'empare de nous, s'est déjà emparé de nous. Le vide théâtralisé et le plein à craquer d'images et de mouvements « effectifs » et « virtuels », de connexions improbables constituent le lien et le non-lien, le temps et l'anhistoricité des derniers hommes qui ne cessent de vivre, de survivre et de se perpétuer. Le posthumain domestiquant et domestiqué n'en est qu'une variante. Les visionnaires de l'assomption de l'homme ne peuvent qu'inclure dans leur vision le dernier homme et sa petite vie. Lui, et son absence de style.

192

Dans toute sa fixité, dans toute sa fluidité, la vie quotidienne et ce qui se manifeste comme vie transquotidienne ont quelque chose d'inexorable, d'irrémissible. Aux grands essors, exceptionnels chez la *première*, correspondent à la fois avec continuité et discontinuité des figures intrépides chez *l'autre*. Ne pouvant être ni artificiellement séparées ni synthétiquement unies, ces vies constituent également le cours de la vie, le mot vie demeurant impropre, car trop synthétique, trop étroit.

193

Cette vie – énigmatique – ne doit pas être comprise sur le modèle du théâtre et regardée comme un théâtre des clartés et des ombres, comme un théâtre où règnent les représentations.

La représentation a certes une force immense, néanmoins nous ne sommes pas contraints d'y succomber.

194

Tout ce qui se noue dans la vie quotidienne – mélange de prose et de poéticité – se dénoue en quelque sorte dans la vie transquotidienne qui obéit pourtant aux rythmes d'autres liens. Et si la plénitude est refusée tant à l'une qu'à l'autre, c'est que le vide ne renonce pas à sa puissance, nous laissant béants quel que soit le degré de notre sursaturation.

195

Pour dire, penser la quotidienneté, pour agir en elle, aucun dualisme ne se révèle pertinent. Avec le manichéisme, la chose est bien plus compliquée. En général, la brisure est difficile à formuler, à éprouver, pour ne pas dire à connaître un surmontement. Comme les pas en avant et les pas en arrière ont lieu sur le même terrain, comme tout présage s'inscrit dans la dimensionnalité du temps, comme les étoiles sont destinées à monter et à descendre, la question profonde demandant d'où procède la quotidienneté et en quoi elle s'abîme, indissolublement liée à la question du transquotidien qui est lié par d'étranges liens à ce qu'il outrepasse, nous effarouche ou fait de nous des lâches, mais ne consent pas à nous quitter. Cette question, toute plongée dans l'épaisseur et l'opacité, nous introduit aussi à l'art de la distance.

196

Dans la nuit du jour le plus sombre, une petite lampe rouge

peut s'allumer par instants. Mais l'instant et la durée ne doivent pas être comptés et encore moins comptabilisés.

197

Pâtir. Souffrir. Agir. Faire. Omettre. Notre vie de tous les jours – les nuits peuvent en différer – obéit à des signes qui s'imposent à elle et en émet d'autres. Seuls mais non pas isolés, dans notre être avec les autres, conformes ou novateurs – les novateurs décisifs sont peu nombreux et quelque part ils sont obligés de payer leur part à l'esprit du temps –, dans une immense combinatoire que nous sommes loin de comprendre sinon de contrôler, sédentaires ou migrants, nous ne nous trouvons pas simplement emportés dans un vague flux – où tout coule – mais nous sommes des pions et des protagonistes des lieux et des instants de l'espace-et-du-temps. Car le temps n'est pas constitué par la pure durée, qu'elle soit continue ou discontinue.

198

D'une certaine manière – qui ne relève pas de la psychologie – nous pouvons avoir souvent l'impression intense de passer à côté de notre vie, pour ne pas dire de la vie tout court. Tout se passe comme si nous étions poursuivis par le mirage d'une « vraie vie » qui aurait lieu « ailleurs ».

199

Réel et fictif se mélangent inextricablement dans le quotidien. La grande transparence n'est pas de mise. La franchise radicale casserait tout. Ainsi est-ce à distance d'un questionnement décisif qu'évoluent le couple, quel qu'il soit, et les enfants, que le travail nous accapare et que la citoyenneté est conçue avec beaucoup de compromis, tandis que les loisirs laborieux, naturels et culturels, obéissent à des convenances. Quant aux rencontres érotiques, les amitiés et les relations sociales, elles évitent le trop intense qui incommode. Le poids des êtres et des choses les stabilise et contrecarre les élans impétueux. Aussi une certaine clandestinité est-elle requise, dans la vie comme dans la pensée, la vie englobant la pensée et la pensée la vie.

200

Sans les petites utopies quotidiennes, nous ne pourrions pas vivre et aller de l'avant, comme on dit. Totalement dégrisés, nous chancellerions encore plus. Le grand jour que nous attendons toujours se réfracte dans chacun de nos jours et anime une utopique attente.

201

Personne ne nous interdit de nous abîmer dans la platitude et l'insignifiance quotidiennes, et pas seulement quotidiennes, par un rempart à ce qui nous dérange décisivement. On rentre dans les rangs même quand on dénonce complaisamment ce processus sans en tirer les conséquences. Garder sa superbe ou se plaindre des autres ne nous sort pas des lieux communs ou communément supérieurs.

202

L'éclaircie tant attendue, et dont nous nous détournons si souvent, n'émerge dans le quotidien ou même le transquotidien qu'aux lieux et moments inhabituels, encore que rendant possible le clair-obscur du quotidien et l'énigme du transquotidien qu'éclaire le quotidien.

203

La vie quotidienne exprime aussi ce qui advient, non nécessairement sur un mode mineur. Le transquotidien se tient plus près de lui et lui offre un site si souvent déserté.

204

Parler du quotidien n'est pas aisé, surtout s'il est nécessaire de ne pas parler un langage quotidien. La différence entre le langage quotidien et le langage élevé indique une source unique dont les courants se différencient. Mais justement, cette différenciation entre le langage de la pensée et de la poésie et le langage quotidien fait question, et nous ne savons pas dans quel langage la faire parler. D'emblée le langage dit soi-même et la différence, mais un « autre langage » est déjà essayé par des audacieux et des téméraires qui sont tentés de le parler.

205

Si beaucoup a été dit sur l'angoisse constitutive de l'être-homme, sur le travail productif et la grande peine, sur l'amour et ses liens avec la mort, l'ennui reste une mine inexplorée. Il ne s'agit pas de l'ennui interprété psychologiquement ou sociologiquement, voire ontologiquement, mais de l'ennui comme structure époquale, de celui qui avance à pas de loup ou s'installe dans toute sa pesanteur. L'ennui, quotidien et plus que quotidien, léger ou profond, si profond qu'il peut rendre disponible à ce qui s'ouvre par-delà lui et demeure en suspens.

206

La vie quotidienne tient obstinément à l'appropriation : des êtres, des choses, de la nature, des œuvres, etc. La frénésie de l'appropriation ne semble pas connaître d'obstacle, réel comme on dit ou imaginaire. Cela n'empêche nullement le dénuement et la désertification croissantes, car on veut s'accaparer et le plein introuvable et le vide qui s'empare de nous.

207

Ceci ne constitue pas un programme ou un mode d'emploi : tenir debout dans la platitude, le tumulte de la vie quotidienne, ne pas ignorer les heures étoilées. La transépoqualité, d'origine lointaine et toujours déjà à l'œuvre, vient de surcroît.

VII. La fiction

208

PARMI TOUT CE QUI constamment nous accompagne et nous met en mouvement, la fiction tient un rôle extrêmement important, encore qu'elle ne se laisse pas aisément scruter. Étroitement liée à l'imaginaire dont elle est difficilement séparable, elle aussi échappe à toute saisie hâtive, elle est habituellement comprise comme l'opposé du réel ou de la réalité, du vrai ou de la vérité. Déjà la distinction réel-irréel n'est pas très pertinente, puisque ladite réalité est d'emblée constituée comme un mode d'appréhension, de saisie et de représentation – saturé de discours – de ce qui s'impose et se trouve posé. Aussi à la rudesse de ce qui est compris comme réalité et sur lequel on agit effectivement, on oppose l'irréel, l'inapparent, l'imaginaire, le fictif, réalités de second ordre, en quelque sorte, dérivées et désincarnées, ce qui ne les empêche nullement d'être, à leur manière, déterminantes.

209

Si la réalité sur tous les plans est devenue si incertaine, la fiction, elle, pénètre tous les domaines, édifie même tout un ordre possédant une puissance peu commune et souvent inséparable de ce qu'on nomme l'effectivité. Elle est partout à l'œuvre et a sa propre efficacité. Des mathématiques et de la métaphysique aux œuvres littéraires et artistiques dites de fiction, du règne des images, protéiforme, à la combinatoire du virtuel et du numérique, à la religion, la politique et la vie quotidienne, tout est empreint de fiction.

210

La fiction est essentiellement moderne car les mythes et les croyances religieuses sont d'une autre nature. La fiction ne se réduit pas au simulacre qui est quelque chose qui simulerait une vérité. Elle ne plane pas loin au-dessus de nos têtes, de nos cœurs, de nos sensations. Elle se trouve, comme le reste, technicisée, massifiée. En parlant du virtuel qui, bien qu'il puisse s'actualiser, appartient aussi à la grande sphère du fictionnel, nous ne devons pas faire de lui un domaine à part, séparé du reste qui n'est pas un reste. L'idéologie aussi appartient au règne de la fiction.

211

Ce qui n'est qu'une divagation inconsistante, ce qui ne constitue qu'une imagerie principalement mécanique peuvent aussi apparaître pour quelques heures et mourir vite.

212

La fiction, individuelle et/ou collective, laisse des traces profondes dans notre pâtir et agir, nos sentiments et même nos pensées. Elle se meut dans le labyrinthe où tout se rencontre et tout se perd. Elle se nourrit à la source de la magie, se manifeste dans le chaque fois présent, anime les anticipations. Tout n'est certes pas fiction, mais rien ne saurait exister sans elle.

213

Il n'est pas impossible de chercher à voir les liens entre la fiction, la convention (le *comme si*), l'illusion, etc. Cette tâche relèverait d'un dictionnaire des termes comparés. Pour tenter de penser la fiction, une lucidité – mais il n'y a pas de lucidité sans failles – est nécessaire, bien que la tentation de la lucidité suprême appartienne elle aussi à la sphère de la fiction, de même que l'exigence d'authenticité existentiale, existentielle, ou tout ce que l'on voudra.

214

Essayer d'élucider le champ de la fiction et son caractère n'est pas faire œuvre de moraliste. Les moralistes pensent court. La question de la fiction ne peut que demeurer en suspens. Nous n'accédons pas à la pleine lumière. Cette vieille obsession occidentale a la vie longue. La luminosité, multiplement nommée, l'appel constant à elle, nous empêche de penser et d'éprouver la profondeur abyssale de ce qui fut maladroitement appelé obscurité et ténèbres, malgré toutes les tentatives plus clairvoyantes. Le vrai, le plein, l'être, le constant s'efforcent de contourner le vide que toutes les configurations et les transfigurations présupposent. En tout cas, le temps, à la fois changement et demeure, triomphe de l'être. En tant qu'advenir, il ouvre le passé, le présent, l'avenir et nous ouvre à eux.

215

On suppose qu'il y aurait tant et tant à dire de la fiction, cependant en fait il y en a peu à dire. Fuyante, elle s'échappe de toutes parts, nous narguant, bien qu'elle ne soit ni une entité, ni une personne.

216

En advenant, bien des « choses » perdent leur aura. Ce qui ne veut pas dire qu'elles n'étaient que fiction. Une autre ruine majeure menace toujours « réalités », « idéalités » et « fictions », nous laissant dans l'incertitude, nous autres obsédés de certitude.

217

Puisque l'humain ne peut pas vivre sans fiction et pendant qu'explosent toutes les formes et les normes au cours d'une catastrophe inachevée, peut-être pourrions-nous au lieu de nous abîmer dans les inlassables inventaires, faire preuve d'un peu plus d'invention. De toute manière, nous sommes incapables de ne plus croire à rien.

218

Si le passé et le présent ont connu la domination d'un grand nombre de fictions importantes ou secondaires, notre prévision et anticipation de l'avenir sont déterminées également par des fictions. Ce qui s'avère pourtant être d'une extrême complexité, c'est d'arriver à distinguer la fiction de ce qu'elle n'est pas, car son aura enveloppe aussi tout ce qui n'est pas censé avoir à faire avec elle.

219

Vouloir dévoiler la fiction en tant que telle, ainsi que toute fiction, ou même espérer le faire, relève de l'incompressible fiction qui, entre le trop plein et le vide, préside et aux moments de bonheur et aux moments de malheur. Se crisper sur un bien-être ou voir les êtres et les choses sombrer dans l'effondrement, partiel ou total, relève de la puissance dissimulée de la fiction qui parvient même à cacher – et cela à son insu – les ressorts de la bonne heure ou de la petite ou grande catastrophe.

220

Quand l'abstraction gagne du terrain sur tous les plans, et même là où on ne l'attendait pas, et quand le règne de la fiction ne fait que la renforcer, abstraction et fiction pouvant être reconnues avec presque toute leur nécessité, presque toute leur profondeur, alors peut surgir et mûrir une tâche : ne pas être abstrait.

221

Si ladite réalité, dite totale, si tout ce qui passe pour être vrai et réel, y compris toutes ses négations, devait apparaître comme une immense scène de la fiction, nous aurions accompli un pas décisif dans la direction d'un dépaysement majeur frayant un passage vers un paysage déjà ressenti.

222

Toute quête érotique participe de la fiction. La recherche obstinée de la conquête érotique ne se réduit pas à une recherche constante du plaisir renouvelé. Un besoin inextricable d'auto-affirmation et de reconnaissance, une tonalité mortuaire pleine d'angoisse, ne la lâche pas. Déjà, à la fin du premier acte de l'opéra mozartien, Don Giovanni perd pied : « Tout est confus dans ma tête, je ne sais plus ce que je fais. »

223

Plusieurs fictions coexistent pendant que s'éploie le règne de la fiction. Il y a des fictions dominantes. Et souvent une fiction en chasse une autre. Et c'est grâce à la fiction que nous sommes si obsessionnellement attachés à ce qui est considéré comme réel. Il n'y a pas de fiction suprême, car il n'y a pas de point de vue à partir duquel elle pourrait être vue. Ce qui n'empêche que la fiction nous inflige d'inguérissables blessures.

224

Ce qui porte le nom si problématique de nihilisme ne nous a pas quitté tout le long de l'histoire. Devenu lui-même, conformément aux exigences de l'époque qu'il marque de son empreinte, *soft*, il s'apparente de plus en plus à une fiction. Ainsi l'époque se perpétue-t-elle quand le nouveau tarde à se dessiner. Pendant que la fiction demeure : vouloir anéantir le nihilisme.

225

Pendant que le monde vrai devenait fable (Nietzsche), la fiction devenait réalité et la réalité une réalité manquante et manquée. Mais une certaine « schizophrénie », étant à l'œuvre dès l'origine, se renforça avec la métaphysique et devint état normal à l'ère de la technoscience. Nous avons besoin d'une incertitude tremblée et féconde.

226

La fiction a partie liée avec la légende, l'une comme l'autre se disent multiplement, se vivent diversement. Leur sacralisation est, elle, liée à leur profanation.

227

Les aléas multiformes et diversifiés se révèlent être un sol nourricier pour la fiction.

228

Au cœur le plus intime de la fiction se dissimule un dévoilement qui, sans elle, demeurerait dissimulé. Ce qu'il ne faut pas confondre : la fiction et l'affabulation.

229

Quant à la fable, lorsqu'elle n'est pas une pure fable, si tant est que cela puisse exister, puisque même dans l'allégation mensongère quelque chose se fait jour, elle constitue un beau produit de l'imagination, quand celle-ci ne s'abîme pas dans des figures petitement gratuites et vides.

230

L'imaginaire, source puissante aux produits innombrables, ne peut nullement éviter de tomber sous la puissance de la clôture. L'imaginaire dissimule également ce qu'il dévoile, et ce qui est éprouvé dans l'imaginaire succombe à l'indomptable finitude.

Sans que nous sachions d'où et comment il surgit et s'éploie, l'imaginaire, tout en nous tenant liés, provoque aussi les ruptures. L'homme est le lieu de l'advenir de l'imaginaire et les hommes les plus intrépides sont ceux aussi qui ont le plus d'imagination, c'est-à-dire se laissent saisir par elle.

231

Le mirage est inséparable du virage, depuis ce virage « premier » qui introduisit l'homme brisé et intrépide. Aussi la recherche de la plénitude est-elle et reste-t-elle une fiction très agissante.

232

Le mythologique ne gagne rien à être ramené et réduit au fictionnel ; au contraire, il y perd sa puissance. En revanche songe et mensonge font, différemment, l'affaire de la fiction. Tout songe n'est pas mensonger, loin de là, mais peut cependant servir d'alibi. Quant au mensonge, principe et effectivité de ce qu'il est convenu d'appeler la vie, il poursuit son inévitable travail et fausse les cartes d'une partie qui ne peut nullement être inaltérée. Sans songes et mensonges, ni le rapport à ce que nous « sommes » ni le rapport à ce que nous ne « sommes » pas ne serait généralement possible. Les exceptions payent très cher leur écart.

233

À trop vouloir définir, délimiter le secret de la fiction, on est pris dans ses rets, on succombe à ses charmes et ses sortilèges. La fiction n'est nullement une chimère, mais cette proposition non chimérique ne se laisse pas démontrer. Elle se situe même à la limite du questionnable. Et à supposer que nous parvenions à

décrypter plus résolument l'énigme de la fiction, c'est-à-dire à marquer une distance, cette distance à l'égard de la « vie » risquerait de la rendre encore plus difficile à vivre.

234

Tout ce qui advient et le cœur vibrant de l'advenir semblent susciter des fictions, des fictions qui les déterminent également. Les fictions ne sont ni premières ni dérivées. Bruyamment ou silencieusement, elles déploient leur règne, sans origine assignable, sans fin prévisible.

235

Une fiction très ancienne veut avec insistance qu'on puisse distinguer ce qui relève de la fiction et ce qui s'en détache. Ce qui advient est de toute manière peuplé de fictions qui sont loin d'être comme des vêtements qui couvrent un corps et dont on peut assez facilement se débarrasser.

236

La genèse, la structure, la et les significations de la et les fictions ont quelque chose d'impénétrable. Tout se passe comme si l'on opposait à la fiction – ou à la « fiction » – un terrain supposé réel et solide ou des idées vraies. La force de la fiction consiste justement à déjouer ces positions.

237

À nos yeux, de nous modernes, lassés de tout, le mythe participerait à la fiction. Cependant la puissance du mythe s'exerce en deçà, à travers et par-delà la fiction, et toute tentative de démythologisation tourne court. Ce qui advient est également tissé de rêve et de mythe, mythe et rêve restant distincts.

238

La musique, dans la mesure où elle est l'art du silence qu'elle rythme, semble exempte de fiction. Il n'y en a pas dans une fugue de Bach. Ce sont ceux qui l'écoutent distraitement qui sont dans le leurre.

239

En revanche, le politique et la politique ne peuvent fonctionner – même dans le dysfonctionnement qui les accompagne nécessairement –, ne peuvent être efficaces que dans la différence énigmatique entre le non-dit et le dire, le dire et le faire. Envahissantes et bancales, les théorisations et les activités politiques relèvent, ne serait-ce que dans leurs intentions déjà, du fictionnel.

240

Rêve et fiction sont à garder soigneusement distincts. Le rêve n'est pas une fiction nocturne. L'approche du rêve – de son langage et de son imagerie – se fait dans un langage diurne et rate par conséquent son secret. Même quand nous rêvons notre vie, incapables de vivre nos rêves, nous côtoyons la fiction et sommes cependant dans une autre sphère. Au lieu d'interpréter les rêves à l'aide de l'inconscient, du réel et du fictionnel, il faudrait, peut-être, interpréter aussi notre vie éveillée à partir du très grand rôle qui est celui du rêve et des rêves diurnes et nocturnes.

241

L'utopie est une fiction qui dit ce qu'elle est, à condition d'entendre ce que le mot dit : ce qui n'est pas, ne peut pas avoir (de) lieu.

242

En deçà et au-delà de la fiction, et tout en plongeant en elle, se manifeste une tonalité affective qui va de pair avec une certaine réflexion. Se trouve aussi privilégiée une recherche de l'immédiate présence, de la nature non souillée par la civilisation. Rousseau, qui est un penseur et dont l'influence reste sous-estimée, malgré les historiens des idées et les commentateurs, est un insigne exemple de cette tendance. La nostalgie et plus que la nostalgie de cette présence immédiate, pour réfléchie et formulée qu'elle puisse être, n'échappe pas au règne de la représentation. Cette tendance farouche, combattante de tous les maux que provoque la civilisation technicienne, reste accrochée à la fiction d'un homme né bon et finit par promettre un futur paradis terrestre.

À ce règne de la présence et de l'immédiateté, à l'intérieur du règne de la représentation dont l'importance n'est pas connue par les théoriciens de la libération, échappe totalement l'effondrement même du « réel » qui caractérise l'ère technicienne qui se veut réaliste.

C'est pourtant dans le cœur du chaque fois présent, ouvert au passé comme à l'avenir, qu'émergent les saisies fulgurantes et les constellations de l'imaginaire, tout autant que les rêves et les constructions de la représentation. Sans oublier les arcanes de la fiction.

243

Un dieu ou le dieu qui serait encore vivant est une fiction. Le dieu mort ou retiré, vivant sa longue fin, possède sa propre efficace. L'attente d'un nouveau dieu constitue une fiction persistante.

244

L'âge de la techno-culture qui tend à la généralisation – de cette techno-culture en laquelle la philosophie vit sa dissolution – n'a ni plus ni moins de fictions que d'autres âges. Il participe au fonds des fictions communes et possède ses fictions spécifiques qui le possèdent. La question de la durée, de la longue fin de cet âge demeure indécidable.

VIII. Ce qui advient

245

Du fond des âges avance ce que nous acceptons et rejetons, ce que nous souhaitons et craignons, espérons et redoutons en même temps. Il est en toutes choses, dans toutes les manières d'être et de faire. Cela ne peut pas recevoir un nom, tandis que plusieurs mots, certains décisifs, le disent, tout en le taisant. Nous, « hommes », ne pouvons pas nous soustraire à notre tâche, inexorable : laisser être et faire advenir ce qui advient. L'entièreté, l'ensemble des détails et des détails spécifiques nous échappent ; néanmoins, il nous est possible de nous tenir proches du centre de gravité.

246

Les passages qu'emprunte ce qui advient sont fréquemment souterrains, sinon invisibles et silencieux. Comme rien n'est tout à fait intégral, les déficits laissent passer quelque chose, un signe.

En outre, il faut être capables d'accueillir productivement ce qui advient. À de très grands moments, ils sont extrêmement rares, ce qui advient métamorphose notre rapport au centre de l'ensemble des renvois. Il semble urgent de parler aussi avec précision de ce qui advient. Ne laissons donc aucun détail inexploré dans la lame de fond qui emporte tout, nous y compris.

247

Ce qui chaque fois survient s'inscrit dans l'ad-venir. Il se donne en se soustrayant. Il a son aura. Il s'étoile. Notre inévitable tendance à l'évitement, fût-il conquérant, voire agressif, nous fait contredire, travestir, contrefaire ce qui nous appelle. Sans scrupuleusement regarder ce qui vient à notre rencontre, mais en louvoyant, nous participons toutefois à la course d'une étoile qui doit mourir.

248

Cet âge de l'humanité ne peut pas voir – cela ferait trop souffrir et on aime la tiédeur – que le nouveau est un paraccomplissement, jusqu'à certaines de ses extrêmes possibilités et conséquences. Nous « sommes » des survivants. Ce qui s'offre comme le questionnable nous dérange grandement. Chacun garde un tout petit espoir d'un mieux à venir. Même ceux qui miment le refus radical du système existant et de son développement bancal sont tout à fait incapables d'esquisser le moindre petit pas, autre, différent.

249

Le vingt et unième siècle du troisième millénaire, toujours après Jésus-Christ, est entré en scène. Tumultueux, plein de fanatismes, chaotique et non moins réglé, mou, caractérisé par une immense lassitude. Traversé par des traditions et des affrontements religieux non moins que par la puissance techno-scientifique, plein de rage envers l'organisation et l'administration qui veulent occuper la place du pouvoir, place et pouvoir demeurant vides, à force d'être surchargés et surinvestis. Le cours de la vie des hommes – jusqu'à nouvel ordre, ils continueront d'être nommés ainsi – et le cours des choses réduites, produites, détruites, reproduites, par des coups dont la provenance est indécidable, encore que la teneur en soit terriblement technique, nous sont grandement étrangers. Un même vent aux courants contraires emporte tout. Sachons à la fois affirmer et nier ce qui se passe, frayant un passage à un par-delà du *oui* et du *non*.

250

Il ne serait pas exagéré de prévoir la venue d'un type humain qui s'annonce déjà. La métaphysique ne serait pas ancrée dans sa physis, et lui, plus qu'historial et mondial, « serait » empiriquement et abstraitement universel. Dans un métissage généralisé, ce type humain, réglé et dans sa dérégulation constante, serait tout le temps en train de quitter ce qui ne nous quitte pas. Recombinant à sa manière, manière qui s'impose à lui, ce qui a été dit et fait et innovant sans répit, voulant s'accaparer tout ce qui échappe à l'œil nu et pourtant insensible à l'inapparent, il ne mettrait pas en question la plateforme globale à laquelle il reste assujetti. Aussi l'humanité des temps qui viennent connaîtrait-elle d'innombrables fissures, d'innombrables remèdes, en poursuivant une certaine direction qui lui reste inconnue.

251

Dans l'approche de ce qui advient, il faudrait, avec la plus grande scrupulosité, et autant que faire se peut, rendre aussi compte de ce qui n'advient pas.

252

Nous n'allons pas plus loin. Nous allons ailleurs sur le même chemin. L'autre dire, l'autre faire, voilà notre grande tentation. Tout ce qui a lieu, si et quand il a lieu, se passe selon des prévisions déjà formulées. Par ceux qui n'avaient pas froid aux yeux. Et qui ont récolté ce qu'ils ne pouvaient que récolter : l'ignorance crasse, le rejet ou les réactions passéistes ou benoîtement progressistes.

253

Ce qui nous est demandé par l'advenir qui est le recueillement et le mouvement du temps : le surmontement a-salutaire de l'attente d'un salut terrestre ou céleste. Ce qui veut dire : outrepasser la foi en la foi. Après l'idéalisme déçu, l'effondrement de la foi prétendument salvatrice, après le romantisme blessé devenu désuet, les idéaux écroulés, les valeurs dévalorisées, le vide suscité nourrit scepticisme et relativisme, cynisme et nihilisme (qui implique lui-même sa propre négation plus qu'il n'exige son dépassement). Cette même vacuité nourrit également l'ironie amère qui va de pair avec la désinvolture étudiée, la distance affectée. Tout autre est le ton de la tristesse généreuse et transfigurée, reconnaissant l'angoisse et sachant être affirmative. L'époque, à la fois baroque et terriblement uniformisée, peut permettre aux audacieux de l'affronter en se situant déjà ailleurs et de séjourner dans l'irreprésentable. Ce qui vient, qui ne vient pas uniquement à cause de nous mais ne peut pas advenir sans nous, « exige » de nous de ne pas déplorer le déjà plus ou le pas encore, le trop tôt ou le trop tard, car il s'agirait non pas de supporter mais d'éprouver nos paroles et nos actes, ainsi que ce qui ne relève pas principalement de nos paroles et de nos actes, avec une témérité détendue supportant une pensée météorique. Pour ce faire, il est nécessaire de considérer impitoyablement les théories et les pratiques qui si souvent se contredisent entre elles et, fréquemment, en elles-mêmes. Il est nécessaire également de faire preuve d'une lucidité se tenant près du sacrifice et de refuser, à l'extrême limite du possible, car personne n'est innocent, la complicité glauque que de toutes parts on vous demande.

254

Ce qui se déploie : le passage, le changement, la transformation, bref, les métamorphoses. Le même – impliquant l'altérité – connaît un revenir, se meut selon le rythme et les rythmes de l'advenir. Le mouvement du parachèvement qui dure et durera ne craint pas les nouveautés. Tout se passe comme si nous cherchions une formule définitive qui comblerait notre inquiétude. Car nous restons inattentifs aux pulsations et aux oscillations. Nous ne désirons pas seulement remonter le temps mais, plus fortement encore, l'arrêter ; cela bute néanmoins contre une terrible limite : aussi loin que nous puissions aller, il y a toujours, c'est-à-dire jusqu'au dernier instant, ce qui se situe devant nous.

255

Le centre irradiant de l'advenir, le centre pulsant et introuvable du rapport de tous les rapports, n'est pas à chercher dans l'ensemble des rapports. Il ne s'épuise ni ne se laisse ramener à une totalité, comme il refuse d'être ramené à un rapport privilégié. Même le langage, dont l'importance est primordiale, ne constitue pas ce rapport de tous les rapports, bien qu'inscrit dans son cœur. Le foyer disséminé tant recherché et perpétuellement introuvable échappe à nos appréhensions, tout en nous tenant liés à ce qu'il dispense. Irréductible au seul un et ne se perdant pas dans le multiple, il en appelle à notre réceptivité aussi bien qu'à notre créativité. Les pensées trop stylisées et les activités théâtralisées ratent immanquablement ce centre de tous les renvois. « Il » comprend le plus-qu'humain itinérant, qui habite et excède l'homme. Celui-ci essaye de penser cet impensé et toutes ses actions se brisent contre l'impraticable.

256

L'humanité, à savoir ce qui l'anime, qui n'est ni une idée ni une chose, veut se lancer à la conquête et au maniement de la systématique de tous les renvois, de toute cette combinatoire qui met le feu aux poudres et qui n'est pas étrangère à cette immense dévastation qui est à mi-chemin de sa course.

257

Toute critique de la civilisation technicienne et de ses avatars, critique qui se poursuit inlassablement et ne l'affaiblit pas, reste en panne. Toute crise de ce qui advient au niveau du visible ne secoue pas de fond en comble les remparts fissurés qui prétendument nous protègent.

258

Le regard perçant qui voit loin, un troisième œil en quelque sorte, aveuglé quand même, voit que les multiples souffrances qui nous assaillent, dans tous les domaines, indiquent une douleur enfouie et non reconnue : l'absence de la possibilité d'une métamorphose radicale.

259

Au cœur de l'advenir se situe l'inchangé dans le changement en correspondance secrète avec le changement de l'inchangé. Une leçon inactuelle devrait pouvoir nous dire comment faire fonctionner ensemble le repos et le mouvement.

260

Le rythme de ce qui advient n'est ni progressif ni régressif, il est, au sens fort du terme, fugué. C'est nous qui exécutons cette fugue qui n'est pas indépendante de nous, mais dont nous ne disposons pas à notre guise. Ce qui advient ne se laisse aucunement réduire à des termes relevant des diverses formes du bien ou en des termes catastrophiques.

261

Ce qui vient vers nous nous demande, sans rien nous demander, notre accueil productif, justement pour advenir, pour surgir selon la loi de la contingence et celle de la nécessité, inextricablement mêlées. Le rôle de la réceptivité active est bien plus grand qu'on ne le pense habituellement.

262

Dans la première *Ode olympique*, Pindare dit, par-delà l'espoir et le désespoir : « Les jours à venir sont les témoins les plus sages. » À nous, habitants délogés d'un passager corps céleste, plus nous l'habitons et plus nous en sommes délogés, il n'est pas permis de transgresser la sphère de l'assentiment et celle de la contrariété. Tout *oui* renvoie à un *non* et réciproquement.

263

L'avenir ne se débarrassera pas de l'indifférence. Elle vient de loin et va loin et ne se laisse pas évincer. Elle œuvre et elle œuvrera sournoisement. Rien ne peut s'opposer à la puissance de l'indifférence. Quand elle est au faîte de son oscillation nous pourrions, au moins, l'affronter avec hauteur, scruter la profondeur de son horizontalité et de son étendue, non pas pour accéder à un point de vue qui la surplomberait, mais pour accéder au centre énigmatique où vibre, d'où émane et vers lequel converge le rapport de tous les renvois.

264

Il faut savoir faire place à cette étrange et certaine fureur de la vie, fureur de vivre, qui comporte également une immense fatigue, un grand épuisement. Cette fureur n'a pas cessé jusqu'à maintenant de se manifester et de tisser toutes formes de compromis avec la fureur du vide.

265

Dans le passé, le présent et l'avenir, on vous demande et on vous demandera, avec plus ou moins d'insistance, de ne pas vous dérober à la responsabilité individuelle dans l'ordre-désordre du donné et du devenant : économique et social, politique et (comme on dit) culturel. La question ne se pose pas en ces termes.

266

Demain, pas plus que ne le fut hier ou ne l'est aujourd'hui, ne sera pas ludique, en dépit des palabres archaïques ou utopiques les plus enjolivées. Ni soi-même en tant qu'autre, ni l'*être ensemble* des uns avec les autres ne sont destinés, à travers toutes les mutations à venir, à se fixer sur la disposition affective de la primauté de la joie ou de la primauté de la tristesse, ce qui ne signifie pas qu'il nous est dévolu de chercher refuge dans une neutralité quelconque.

267

La démocratie, plus ou moins libérale ou sociale, avec plus ou moins d'État, est plus et autre chose qu'un régime social ou politique ou un état d'esprit. Ce mouvement de fond qui emporte êtres, choses et idées, advient tout aussi bien dans les faits que dans les mentalités de façon quasi totale et radicale. À ceux qui la défendent et à ceux qui la critiquent manque toujours un œil, bien que ce ne soit pas le même. Et, de toute manière, la vie en commun est hautement problématique et elle dépend aussi, et très fortement, du centre de l'ensemble des renvois qui, ni physique, ni divin, ni humain, ni social, outrepasse, en tant que lieu et non-lieu de tous les lieux, tous les lieux particuliers. Si l'économie politique est la religion civile du capitalisme, cette religion laïque ne donne pas satisfaction. Depuis la Réforme, une suite de réformes se succèdent, tandis que les révolutions ont bouclé le cercle, tyranniquement et tristement, en ayant accompli leur rotation. Et il ne faut pas être particulièrement rusé pour avouer que si nous manquons d'alternatives, nous restons inexpérimentés dans l'exploration de ce manque. C'est à la fois le positif et le négatif (pour les séparer artificiellement) qui font naufrage, et les anticipations ont tendance à se noyer dans des eaux moyennement profondes. Quant aux grandes visions, aux grandes prévisions, celles-ci demeurent généralement imperceptibles à tous ceux qui ont une courte vue.

268

En parlant de la démocratie, de ce qui s'appelle et de ce que l'on appelle ainsi, c'est de la démocratie moderne qu'il est question. La démocratie athénienne pose, elle, d'autres problèmes spécifiques. Dans la démocratie moderne et ultramoderne, quelque chose comme l'égalité et l'égalisation est en cours. Le terme égalité reste entièrement flou, et la mesure pour mesurer ladite égalité encore plus. Le pouvoir de l'(in)égalité est partout : économiquement, socialement, politiquement, culturellement. Les divers domaines ne sont pas séparés par des cloisons étanches et ceux qui exercent le pouvoir sont eux-mêmes menés par un pouvoir et une impuissance qui leur échappent. Les faibles et leur puissance, les forts et leur faiblesse sont impliqués dans une partie où les rôles se mélangent.

269

Que les idées dominantes soient démocratiques ou pas, ce qui est sûr c'est qu'une certaine mentalité démocratique domine. La tendance à l'égalisation se manifeste ici également. Les pensées sont censées se valoir, être à peu près interchangeables, équivalentes, du même niveau, presque tout se vaut et rien ne vaut, et tout penser qui dit ce qui advient est aplati ou ignoré, récupéré ou marginalisé. On le fait rentrer dans l'ordre et cela est dans l'ordre. L'émergence d'un penser central et radical consiste à dire la venue du déjà advenu qui ne cesse d'advenir. En tant que présage, il ne secoue pas seulement la pensée mais s'inscrit, souvent de manière imperceptible, dans ce qui est considéré comme le plus réel.

270

Ce qui s'impose en ce qui advient c'est un magma où le rayonnement des étoiles mortes nous parvient des années et des années après leur disparition, c'est une actualité massive et diversifiée qui tente de tout récupérer, de tout neutraliser, en procédant avec beaucoup d'amalgames, c'est l'approche à la fois lente et saccadée d'un avenir plein à craquer de visages et de mirages, miroir des visages donnant sur le vide. Et tous les espoirs d'une consolation ne font que nous plonger davantage dans la désolation qui ne se laisse nullement affronter en termes de culpabilité ou de salut. La peur de l'avenir, si effective qu'elle soit, ne peut pas être vaincue, comme s'il s'agissait d'un adversaire à combattre. Élan et déclin ne sont même pas les deux faces d'une même monnaie.

271

Ce qui nous est dévolu. Ce qui nous échoit en partage, notre part d'ouverture et de fermeture. Ce qu'une pensée de ceux qui ne seraient pas des traqueurs traqués pourrait appeler destin. Ce qui n'obéirait pas – sans se prélasser dans la désobéissance – à la foi de la *religion*, de l'*art*, de la *philosophie*, de la *science*. Ceux qui porteraient le destin de l'absence de destin. *Cela* constitue l'ultime présage.

272

Pendant que tout vibre, et au sein de cette immense vibration, nous considérons et nous éprouvons toutes choses comme entrées dans un puissant processus de décomposition. Aussi avons-nous à rester vaillants par rapport à l'incalculable.

273

Ce qui de tout temps advient, c'est-à-dire depuis que nous pouvons parler d'un advenir humain qui lui-même parle, à savoir agit, se laisse à peu près dire en ces termes. Dans le mouvement qui consiste dans le repos ultime, dans le repos qui consiste dans le mouvement – et cela dit sans artifice dialectique –, l'« être humain » fait irruption, affronte les « choses » en ne les laissant pas en repos, mouvement qui se trouve paroxystiquement accéléré à partir des temps modernes. Individus et multitudes vivent et meurent dans cette insurrection permanente, à la recherche permanente d'un ordre apaisant qui sans cesse se dérobe.

274

Nous ne sommes toujours pas « suffisamment » exercés dans la pensée et aptes à déchiffrer l'expérience pour saisir tant le secret des plaines que l'énigme des sommets. À un certain moment de l'histoire occidentale, après les acquis de l'économie politique anglaise, après la Révolution française et la restauration napoléonienne, après le déploiement de l'idéalisme allemand et son effondrement, quand prend son radical essor la techno-science résolument moderne et protéiforme avec toutes ses conséquences – civilisation industrielle s'universalisant, règne bourgeois et surtout petit-bourgeois, mouvement révolutionnaire et principalement réformiste –, se manifeste également le désenchantement dans un univers devenu résolument prosaïque, sans dieux et avec beaucoup de platitude humaine. Tranchant avec cet état de choses et d'esprit – qui dépasse de loin tout ce qui relève d'une explication sociologique – et faisant appel à un dépassement qui enrayerait ce qui commençait à être éprouvé par certains comme une marque de déclin plutôt que de progrès, surgirent de grandes figures. Des poètes, des penseurs, des peintres exceptionnels, aux vies foudroyées, dénonçant une impasse et ouvrant un chemin. En s'abîmant dans la folie, la fuite, le suicide, ils se montrèrent plus ouvrants que clôturants. Nous pensons à Hölderlin, Nietzsche, Rimbaud, Van Gogh. Sans rester des enfants de leur époque, ils dénoncent et surtout annoncent, ils consomment une rupture et se meuvent dans l'ouverture. On les abordera ensuite de toutes les manières possibles, ce qui est dans l'ordre tracé, tandis que ce qui advient poursuivra implacablement son chemin.

275

Sans s'attendre à une topologie de l'être, sans s'orienter par rapport à l'avènement qui, dans la coappartenance de l'obscurité et de la lumière, donnerait être et temps, dans une configuration quadripartite qui ferait se rencontrer terre et ciel, mortels et immortels, sans attendre le dieu qui sauve et sans nous abîmer dans le *sans*, il n'y a pas d'impossibilité majeure à ce que nous nous tenions debout dans le suspens, ouverts au centre du rayonnement où l'advenir nous requiert, nous toujours si proches et si lointains.

276

Ce que l'on voit presque trop clairement venir peut aussi aveugler les yeux. Le métissage universel et polyvalent, les catastrophes technologiques et écologiques constituent un magma qui n'est pas informe. S'il est si difficile de voir les lignes de force et les lignes de fuite, et de trouver le lieu et la formule (Rimbaud), s'il est si difficile de se saisir des possibilités qui à la fois s'offrent et sont frappées par l'impossibilité, cela est également dû à la loi qui mélange réversibilité et irréversibilité. Distinguer ce qui reste de ce qui est balayé par le vent exige une vie et une vue intenses, adossées à la mort sans que celle-ci triomphe en tant que telle. En ce qui concerne l'ultime, il gît dans le premier et le dernier abîme.

277

La stupidité des temps – nous tous, les moyennes et les exceptions y prennent part – accomplit son travail et exige de nous un certain conformisme presque indépassable dont aucun style de comportement ne peut être exempt. Règles, réglementations, dérèglements et transgressions ne peuvent pas totalement échapper à un caractère *commun*.

278

Ce qui est advenu et ce qui advient ont été pris en charge, historiquement et systématiquement, par un schéma dit époqual. Celui-ci est rythmé par l'être en devenir *nature*, l'être en devenir *dieu*, l'être en devenir *homme*, l'être en devenir *technique*. Cela est à comprendre radicalement : le centre du réseau des renvois, le *monde*, n'est pas le thème d'une *metaphysica generalis*, comme la *nature*, *dieu* et l'*homme* ne sont pas ceux d'une *metaphysica specialis*. Ce schéma marquant et marqué, tout en dominant diachroniquement, voit ses instances concerner différemment chaque fois un domaine du temps. Il inclut un cheminement et des arrêts plus secrets, il accorde des moments aux déviants qui, bien que ne pouvant pas transgresser totalement le tableau d'orientation général, élaborent un style qui s'impose à eux.

279

Par-delà l'unique et le multiple se dessine, presque improbable, une configuration non iconique.

280

La polysémie de l'advenu, de l'advenant et de l'avenir, l'ajointement et l'antagonisme omnitemporels des contraires, les hommes et les choses qui ne sont jamais là où on les attendait, tout cela rend problématique tant l'équipée individuelle que collective.

281

Ce qui advient n'est ni quelqu'un – dieu ou homme – ni quelque chose. Et dire que ce qui advient, advient, constitue une tautologie non parlante. Ce qui s'approche suscite nos approches qui le rapprochent. Il se tient en suspens. Il nous tient en suspens. Plus qu'énigmatique, ce dire « est » affirmatif.

282

Car l'advenir est plus que le devenir et il implique le revenir. En l'advenue se rassemblent passé, présent, avenir. L'advenir en tant que tel ne peut pas être ramené à ce qui advient. Il le surpasse, différent de lui, contaminé par lui.

283

Ce qui se passe, quand effectivement il se passe, ne s'inscrit pas seulement et simplement dans ce qui advient, mais l'ouvre.

Pour accepter, assumer et outrepasser en même temps ce qui ne vient pas seulement de nous, mais émane d'une rencontre, les ruptures autant que les passerelles sont nécessaires. Cela est dit et actionné manifestement par l'homme, les hommes. La réponse, apparemment suffisante, est foncièrement insuffisante. Car ce n'est pas l'homme seul qui est au centre, et l'homme en tant que tel demeure énigmatique. Ce qui dispose de l'homme et le rend disponible à... n'est certainement pas non humain, inhumain ou surhumain. Il échappe au pouvoir de l'homme. Pour que ce conquérant infirme soit non pas guéri ou mieux administré, mais devienne mûr pour un autre déploiement, un autre rapport au variant et à l'invariant, il faut au préalable que la figure traditionnelle de l'homme soit brisée. Alors seulement il pourrait se rendre compte de sa fracture et se trouver productivement inclus dans une différente ouverture qui ne serait pas une simple aventure. Cet advenir n'adviendrait que par ellipses. Ni linéaire ni circulaire, ce mouvement ne succomberait pas à une figuration ou à une abstraction qui essayerait de capter l'infigurable, ne sacrifierait pas au culte de l'image.

284

L'advenant ne s'épuise pas dans l'advenu, encore qu'il se fragmente en lui. Advenu, advenant et à venir, toujours en suspens et chacun d'eux étant tridimensionnel, appartiennent à ce qui advient selon le(s) rythme(s) de l'omnitemporalité. La technique est inscrite en cet advenir et conditionne, toujours davantage, le devenir. Et le secret de la technique ne se révèle pas dans et par l'ère industrielle, nucléaire, planétaire. La technique ne vient pas après. Elle est liée, invisible comme telle, non déployée, à un certain début. Elle fait être également le devenir de l'être homme. Parole, pensée, action portent son sceau. Elle se montrera dans toute sa misère et toute sa splendeur quand elle sera devenue la puissance la plus provocatrice qui soit.

285

Voulant capter et ensuite capturer les étoiles, l'homme apparaît comme abandonné, seul sur l'immense plage surpeuplée où échouèrent tant d'espérances. Mû par la volonté de s'installer presque en roi sur l'échiquier astral, il se sent forcé de jouer souvent le rôle du pion. Voulant socialiser l'Univers, il demeure l'« être » de « l'insociable sociabilité » (Kant). Voulant s'agréger à tout, il est condamné à subir une certaine désagrégation, fût-elle technicienne. Muni de toutes les prothèses possibles et imaginables et de tous les organes transplantés ou artificiels, l'homme, à jamais inachevé, ne sortira pas si facilement de l'ère humanistique.

286

Les réussites les plus éclatantes de l'homme au cours de l'advenir – il est plus pertinent de parler d'advenir que d'évolution ou de devenir – ne l'ont pas conduit sur les cimes. Bien plus, elles l'ont ramené à la dureté de son existence, quels que soient les conquêtes et les échecs corrélatifs, quels que soient les palliatifs. La tonalité dominante de cet advenir est tout sauf triomphante. Ce qui ne signifie pas que l'homme, de plus en plus seul, serait condamné aux ténèbres. Cette vision reste encore trop héroïque.

287

L'incantation, pas plus qu'elle ne nous libère de ce que nous avons à endurer, ne nous relie à ce qui, en l'outrepassant, marque l'advenir : le foyer irradiant du lien de tous les liens, le centre éclaté du rapport entier et fragmentaire, le cœur vibrant de tous les renvois, le rythme de l'omnitemporalité. Par-delà la lassitude et la panique, nous avons à penser et à éprouver ce qui donne à penser : ce qui traverse toute pensée, toute action, toute œuvre et renvoie à Cela-même dont elles sont des manifestations constitutives. S'exercer à la pensée de l'advenir veut dire : comprendre que ce qui s'approche et nous concerne est inséparable de nous qui l'approchons, concernés, quand bien même ceux qui vaquent à leurs occupations n'en ont cure. L'incantation est, en général, inutile. La fragmentation, déjà, suffit.

288

Il est quasiment impossible de situer dans ce qui advient la puissance la plus décisive – et non pas causale –, le nœud de l'éclat, le foyer du combat. Ceux-ci s'effacent pour ainsi dire, en advenant, laissant une place libre, un moment vacant.

289

Le faisceau que forment les pensées questionnantes et les réponses énigmatiques – peut-être la distinction entre une pensée plus ou moins poétique et une pensée plus ou moins scientifique est-elle trop superficielle –, toutes en suspens, peut à la fois prendre des noms divers et rester sans nom. Mais la pensée ne se déploie pas pour la pensée seule. Elle ne se déploie pas non plus pour quelque chose. Elle ne reste pas suspendue à un ou à l'Être ou au Néant, elle n'a pas de but précis, sans pour autant succomber au vague, au diffus, à l'imprécis. Ne se déployant pas comme la pensée d'un ou des sujets visant un objet privilégié ou des objets, elle s'étoile à partir d'un foyer qui s'allume et s'éteint. Côtoyant sans cesse l'échec inéluctable, elle s'élance pour dire ce dont nous faisons l'épreuve (sciemment ou pas), ce qui concerne notre sort et que nous nommons multiplement. Comme nous ne sommes pas poursuivis par une chance insolente, il n'est en notre pouvoir que de nommer, en la gommant, *la* spirale. Cette spirale, *Cela*, n'est autre, sans *être*, ou *devenir*, que le *monde* en son *jeu*, l'*omnitemporalité*, pendant que se déploie l'*errance* qui acquiert une puissance cruciale à l'ère de la *technique*.

290

Depuis l'opposition et la complémentarité de l'amitié et de l'inimitié chez Empédocle – pour ne pas remonter plus haut encore – qui constituent la vie de l'Univers, jusqu'à Freud et sa théorie des pulsions de vie et des pulsions de mort qui, dans leur complémentarité et antagonisme, règlent la vie humaine, cette unidualité au long cours a tendance à se perpétuer. De mythologique elle devient technico-scientifique, à savoir psychologique et sociologique et atteint une audience pour ainsi dire populaire. « Oui – s'écrie un des personnages du roman de Dostoïevski *L'Idiot* – la loi d'autodestruction et la loi d'autoconservation sont également fortes dans l'humanité ! Le diable règne des deux façons sur l'humanité, jusqu'à la limite des temps qui nous est encore inconnue. Vous riez ? » Ainsi parlait Lucien Timofeevitch Lébédev, petit fonctionnaire russe.

291

Ce dont est et restera privé l'homme moderne et contemporain n'est pas seulement le divin, le sacré, dieu, mais *Cela-même* dont sacré et patrie, sens, vérité, bonté, beauté tirent leur puissance et auquel succombe aussi leur impuissance. Cela-même ne supporte aucune figure, n'« est » ni être ni devenir. Lieu du non-lieu, lien qui relie tous les liens, temps par-delà présence et absence, omnitemporalité aux moments cruciaux, spatialité qui donne place, Cela-même inclut l'homme qui le pense, le façonne, tout en advenant comme l'impensé, le non pratiqué et non praticable, rendant impossibles les anthropomorphies. Cela-même et l'homme-même se déploient dans une ouverture réciproque. L'homme passager et messager de la temporalité passe l'homme qui se croit ancré dans l'éternité.

292

On parle de plus en plus et sans arrêt de la détresse envahissante, on épilogue avec complaisance sur ses aspects manifestes ou dissimulés. C'est devenu un type de discours, un lamento intarissable et répétitif, pendant que le secret de la détresse demeure bien celé. La détresse n'est ni au début, ni au milieu, ni à la fin de son règne. Elle peut encore s'amplifier et s'intensifier, utiliser tous les subterfuges pour mieux nous entraîner dans sa course. Elle constitue à la fois un état sous-jacent et un mouvement irrépressible. On cherche à l'expliquer ou à l'interpréter, la ramener à une cause, pour poser des réformes de l'organisation de la vie, trouver des remèdes et des médications. On développe des divertissements, des distractions et des industries de vacances et de loisirs, présentes et futures, mélangeant réel et virtuel pour satisfaire d'innombrables clients jamais assouvis. La détresse peut porter des noms divers, disposer de multiples qualificatifs, être aiguë ou latente. Il semblerait même qu'elle ait pris le pas sur le désespoir. Elle est plus massive, plus démocratique, plus « convenable ». La détresse est généralement terne, grise et n'est que très peu avouée. Générale, elle reste dissimulée quand elle est ramenée à tel ou tel mal ou à un simple ensemble de maux. Elle est et elle reste, sauf pour les très déshérités, somme toute acceptable et n'engendre pas

– avec passion – action et pensée, c'est-à-dire un mouvement radical. En elle et par elle le nihilisme est banalisé, neutralisé. Il n'est pas possible de s'attaquer à elle, frontalement ou non, car alors on entre dans sa propre logique. Le centre pulsant de l'advenir se dérobe et la détresse advenante et advenue, restée pour ainsi dire seule, ne peut requérir de nous une solution, mais une désinvolture endurante, une sagesse problématique, une sérénité productivement inquiète.

293

Ce qui advient, mieux, l'advenir même, tout en restant l'impensé, est considéré comme ayant une genèse, une généalogie, une structure. Immédiatement, au « début », dans un « avant », il y a comme un geste, une parole prononcée, un dévoilement promettant, une aube et une éclaircie. D'emblée, cette aurore connaît un obscurcissement, voire implique l'obscurcissement qui domine ensuite époqualement. Une autre parole, qui est pourtant la même, une certaine issue, un certain salut croissent en même temps et attendent de se manifester comme pour la première fois. Mythes et religions, métaphysique et grandes révolutions sont travaillés par ce « schéma », ce cheminement. Par-delà la dialectique ternaire du passé, du présent et de l'avenir, du vrai (et du bon), du mauvais (et du méchant) et du futur accomplissant une promesse, par-delà toutes les simplifications ou les sophistications, la pensée ne s'est pas dégagée de cette « uni-triplicité ». Hegel, Marx, Nietzsche en sont des figures décisives. En dernier lieu, Heidegger lui-même voit finalement que ce qui sauve (*retten*) du danger signifie « libérer une chose en son être propre [...], la *re*conduire – je souligne – à son essence », afin de faire apparaître celle-ci, pour la première fois, de la façon qui lui est propre. L'expression *wieder*, à nouveau, est récurrente chez Heidegger qui fait également appel, assez fréquemment, à un « autre commencement », une « autre histoire ». Et sous sa plume, nous pouvons lire encore : « L'historicité de l'histoire a son essence dans le retour du Propre. »

294

Esprit absolu, socialisme panhumain, retour éternel de l'identique et surhomme, « Être », *Ereignis* (avènement appropriant, ce qui regarde l'homme en le portant à son propre, homme et être étant appropriés l'un à l'autre, cet *Ereignis* étant appelant et appelé, regardant et regardé), dieu qui sauve, voilà les paroles finales du dernier métaphysicien de l'Occident qui ouvre également un chemin par-delà la métaphysique.

295

Il n'empêche. La quasi-totalité des grands penseurs qui marquent *ce* qui advient et *tout* ce qui advient, indélébilement marqués par lui, restent des hommes théoriques. Sans doute est-il presque impossible que ce soit autrement. Menant une existence plus ou moins – le plus ou le moins ont leur importance – conforme au milieu ambiant qui compte également quelques exceptions à la règle, en le sachant ou pas, en l'avouant – ce qui est fort rare – ou pas, en se l'avouant ou pas, mais cela nous ne sommes pas en mesure de le savoir, eux, les diseurs de la vérité publique ont une vie couverte aussi par une chape de mensonge, de dissimulation ou d'omission. Ils ont certes une pensée transgressante qui garde soigneusement la place, et traverse toutes les places, à une éclaircie ultime. Philistinisme et pensée de grand style ne s'excluent pas. Le maillon qui craque ne cesse de craquer et toute la chaîne s'en ressent.

296

Ce qui advient, l'advenir lui-même, central et aux rythmes divers, souvent excentriques, n'est ni nécessaire ni fortuit. Il advient comme *anankè*, quelque chose comme le destin du *monde* sans destin, plus fort que les dieux et les hommes, qui ne cesse de s'accomplir et d'être manqué dans les transfigurations qu'opèrent les *hommes*. Car le donné, le construit et l'institué, le manquant et le manqué impliquent une loi où se conjuguent et se séparent déclin et surgissement, unité et scission, appartenant à *la* même loi. Tout cela, il ne faut pas l'oublier, relève d'un dire aux formules humaines essayant de parler de ce qui outrepasse l'humain, sans forger des métaphores mais en portant au langage les métamorphoses qui ne seraient pas si elles n'étaient pas nommées.

297

Si tout émerge du chaos, du vide, du silence et doit y retourner, l'advenir lui-même est ouvrant autant qu'ouvert, tant que se déploie l'espace-temps œuvrant et œuvré, appelant et parlé. L'ouverture à…, l'ouverture de… ne constitue pas un état. L'ouvert est le noyau de toutes choses, de ce qui advient. En même temps, l'ouverture est inséparable d'une certaine fermeture qui est loin d'être son simple contraire. Quant à la fermeture à proprement parler, qui ne peut jamais être totale, elle aussi est significative. Elle peut et doit nous rendre attentifs. La parole pensante pense et dit tout cela et *Cela-même*. Il y a cependant une schize entre elle et les sciences. Elle garde une distance à l'égard d'elles, et elles-mêmes tournent le dos à la pensée qui n'est pas étrangère à leur essor. Les sciences astrophysiques, physico-mathématiques et biochimiques explorent puissamment un advenir mais leurs résultats, toujours renouvelés, ainsi que leurs constructions et leurs recherches ne peuvent pas passer telles quelles dans le questionnement de la pensée et de ses réponses questionnantes aussi bien que répondantes. À cette schize entre pensée et sciences s'en ajoute une autre : l'expérience de tous les jours maintient une grande distance et à l'égard de la pensée et à l'égard des sciences, tout en étant imprégnée d'elles. Le quotidien ne peut être vécu que dans une tension, non assumée, entre ce qui est matière de savoir, même si ce savoir est approximatif, et ce qui est expérimenté dans son cours ordinaire et convenu. Le soleil se couche et ce n'est pas le soleil qui se couche mais la Terre qui tourne.

298

Ce qui advient : ce n'est ni une personne, ni une chose, ni un sens, ni un non-sens, ni un être, ni un devenir qui coule. Il s'approche et s'éloigne, régit le non-dit et le dire, la passion et l'action. S'il ne nous quitte pas, c'est parce qu'il anime le quotidien et le transquotidien, supporte toutes les fictions et demeure toujours en suspens. Ce qui advient : cela trace et laisse des traces qui persistent et s'effacent.

299

Ce qui advient, *cela*, à travers toutes nos dictions et nos actions, avec et par-delà tous les achèvements, poursuit son cours. *Ce qui advient* a une autre forme que ceci ou cela qui advient et demeure foncièrement lié à ce qui n'est pas son contraire mais l'habite : ce qui n'advient pas. « Il » n'est pas abstrait. « Il » vivifie et mortalise les concrétions les plus tangibles sans s'épuiser en elles, les outrepassant. « Il » supporte et ne supporte pas tous les noms qui lui furent donnés et implique toutes les contradictions.

« Il » doit être assumé comme le différent et le différend, car il spécifie en séparant et différencie en unissant. Ce n'est pas un neutre et il rayonne dans tous les genres et toutes les espèces. « Il » n'est pas derrière, au-dessus, au-delà de tous les plans où tout joue. À peine pourrions-nous dire qu'il institue le plan de tous les plans. Mais en parler ainsi, c'est parler encore et toujours un langage mortel.

IX. En suspens

300

CHERCHANT une première assurance qui devient à son tour une promesse finale, le divin fut d'emblée appelé : ordonnateur et sauveur, présent ou absent. Il régna ou connut sa mort et sa destruction depuis l'« origine » jusqu'à l'ultime sursaut. Il constitue la base apparente ou secrète de la philosophie, même quand elle fait tout ce qui lui est possible pour ne pas trop le nommer. Mais les paroles et les gestes de la philosophie ne sont pas à rejouer philosophiquement, métaphysiquement. Posés et pensés, sentis et répétés multiplement, et contradictoirement, les dieux, le sacré, Dieu ou *dieu* pénètrent d'un bout à l'autre ce que nous nommons *vie* et ce que nous appelons l'*homme*. Mais ces maîtres-mots doivent être libérés de leur signification usuelle, vague. Mis en question quant à leur sens même, dieu, la vie, l'homme, ces termes demandent à êtres dévoilés, ramenés à leur structure et outrepassés, ouverts au suspens qui les porte et les déporte. Aussi la passion qui meut l'homme et le pousse à l'action ne cesse de garder son secret avec lequel nous oublions que la relation est plus forte que ce qui se lie et se délie en elle et par elle, de même que les choses ne sont pas là avant le mouvement d'ensemble des mots qui les disent.

L'énigme de l'histoire ne comportant pas de solution, la sortie de l'histoire ne se présente pas comme une issue, et la technique dominatrice laisse malgré tout des éléments et des ensembles, des moments et des situations hors-technique. Tout cela donc peut nous tenir en suspens, dans une disponibilité sobre, dépourvue de précipitation.

301

L'image, les images ne fixent pas ce dont elles sont censées être l'image. Elles font partie des ouvertures multiples qui font trembler toute l'œuvre – passive et active – de l'imagination, puissance toujours en suspens qui nourrit espace et temps. La représentation politique et générale possède une force moindre.

302

Le langage destiné à dire l'advenant et l'advenu, quand ce qui a cours est devenu affaire de la pensée, à la fois suspend et souvent détruit ce qui advient qui reste sans origine décelable, sans fin détectable. Les processus et les stases échappent à la représentation et quand ils révèlent le plein et quand ils cèlent le vide.

303

Le même qui se métamorphose demeure suspendu à son destin sans destin. Nous mettons le cap, mus par des rythmes contraires et contradictoires, contraires et contradictoires qui s'opposent, s'ajointent, se rencontrent sans s'identifier, à tout jamais dans l'attente des bases, des fondements, de principes directeurs qui ne peuvent pas quitter leur lien du non-lien et les moments fuyants qui restent donc arrimés à la loi du suspens suspendu aux certitudes qui nous écrasent. Pourtant, nous pouvons nous ouvrir au vide, ce qui signifie suspendre les règles et les hégémonies qui nous font vivre et mourir. La nostalgie du passé, l'insatisfaction du présent, l'appel de la mort future rythment inéluctablement nos gestes incertains. Les grands récits ne savent pas quoi dire et quoi faire du rien, aussi bloquent-ils des possibilités, voulant mettre un terme à ce qui ne cesse de relever du suspens.

304

Le suspens est le secret du temps. Passé-présent-avenir, pour sacrifier à cette trichotomie artificielle, ainsi que ce qui temporalise uniment tout lien et tout moment se tiennent en suspens. Aussi ne peut-il pas y avoir un ou des fondements idéels ou spirituels, réels ou matériels. Et le temps lui-même n'est pas un fondement. Il n'y a pas de dieu du temps, les dieux et dieu succombent au temps.

305

Reste en suspens : l'ultime secret de la nature et de son devenir ainsi que du devenir de la technoscience physique et astrophysique. Reste en suspens l'avenir de l'homme historique empreint de technique. Reste en suspens aussi le sort futur de la technique dont nul ne sait jusqu'où elle peut aller. Enfin, mais non pas en dernier lieu, reste en suspens le destin de l'interrogation même et de ses tenants et aboutissants. Car elle peut être domestiquée, organisée, administrée, en un mot châtrée.

306

Dans l'ensemble de notre marche, dans chaque étape et chaque station, dans toutes nos rencontres avec des êtres et des choses, dans toutes nos approches et toutes nos effectuations, se tient l'incalculable, par définition insaisissable.

307

Le schéma de tous les schémas, selon lequel, même non schématiquement, nous pensons, nous agissons et nous opérons technico-scientifiquement, tient dans ses rets genèses, structures et événements et veut comprendre toutes les mutations et même tous les aléas, demeurant lui-même et nous laissant nous-mêmes en suspens. Pensée et expérience ont beau se dérouler selon des schèmes et en les produisant. Les schèmes, fussent-ils non schématiques, n'ont pas le pouvoir d'éviter un phrasé à jamais inachevé. Affectés par ce dont ils sont les schèmes, ils l'affectent en même temps. Les possibilités ne sont pas infinies et rien ne peut nous protéger du peu de réalité.

308

La fougue et le calme profond de ce qui est en suspens, obéissant à la force silencieuse du non-dit, ne nous quittent jamais. Ce qui est et reste en suspens s'empare de tout dire et de tout faire, aussi affirmatifs et efficaces qu'ils puissent être. Ce qui advient, tout en *advenant*, demeure également en suspens, c'est-à-dire obéit au rythme du temps. Celui-ci impose ses arrêts et ne cesse d'être omnitemporellement en suspens. Le destin des stations et des dépassements est fort aléatoire. Le prétendument dépassé se terre en attendant son heure. Le dépassement n'est jamais intégralement dépassant. On tient fréquemment pour dépassé ce qui n'a pas été pleinement atteint, ce qui s'est effondré, et le surmontement se fait multiplement et non nécessairement du côté attendu. Ainsi l'affrontement des règles et des lois, des interprétations et des édifications connaît-il une féconde suspension du jugement et non pas seulement du jugement, car le rapport à... ne relève pas en premier ou en dernier lieu du jugement.

309

Nous sommes et nous restons perpétuellement en attente. Ce qui ne nous empêche pas de prendre des décisions très importantes et d'effectuer – dans l'approximation – ce que nous avons décidé, ce qui a décidé de nous. Ce qui est nôtre, ce qui fut appelé grandement destin, ne s'accomplit pas sans notre participation – notre réception, notre action et nos omissions, car ils font un –, ce qui vient sur nous et ce qui vient de nous. Toute personne qui peut bouger n'est qu'un pion d'un échiquier, d'un affrontement qui se passerait partiellement à son insu. Même la forte lassitude et la sourde angoisse remplissent leur rôle, suspendues dans le vide, foudroyées par notre appel à apposer notre marque au temps.

310

Tout ce qui est décisif et tout ce qui est secondaire – cette distinction ne cessant d'être fort problématique – est à jamais et reste tout le temps, et jusqu'à l'instant où il y a temps, en suspens. Sur tous les plans. Car l'incisif peut prendre l'allure de la moyenne, voire de la trivialité. L'époque, par définition, demeure en suspens. Si nous avons perdu bien des usages, si l'ennui fait partie d'une structure époquale, si la quotidienneté est en général tellement apoétique et même impoétique, si les échappées qui se proposent à nous nous demandent de prendre des risques importants, tout cela n'exclut pas une improbable possibilité, toujours en chemin : à la fois affirmer la spirale dans laquelle nous sommes insérés et qui nous dépasse et savoir saluer le travail de la négativité. Le *oui* suprême et le *non* extrême se rassemblent dans le même.

311

Le centre le plus profond de tout penser et de tout agir, plus encore, le centre ultime du rapport de tous les rapports, le secret du mouvement entier et du rythme du temps – ce rêve le plus enfoui de l'humanité en son ensemble –, l'allure de la configuration de l'imaginaire et ce qui donne son impulsion au montage technicien total ne peuvent que rester en suspens, malgré et avec toutes les tentatives de saisie, systématiques ou aphoristiques.

312

La catastrophe ne cesse de se tenir en suspens dans toutes les catastrophes qui ont eu et ont lieu, jusqu'à une grande catastrophe finale.

313

Tant qu'il y a sens, il ne peut que demeurer en suspens. Ensuite il n'y a que – mais c'est déjà énorme – du suspens. Nous restons suspendus à..., nous suspendons non pas notre jugement, mais notre sort entier qui (pour parler avec grandiloquence) est suspendu à un destin sans cesse différé.

314

L'amicalité, mieux, l'amicalité en question, n'est jamais effectuée. Résidant dans l'union d'une vibration et, en même temps, prenant l'allure d'une décomposition, elle peut être caractérisée comme une tension non inquisitive, toujours en suspens. Sans trop de tiédeur et souhaitant une difficile ardeur, son sort est suspendu à ce qui, en l'homme et plus qu'en l'homme, n'attend pas son heure mais tend perpétuellement vers ce qui se retire. Cette tension est à proprement parler intenable, et personne n'est innocent.

315

Correspondre à l'avenir nous tient tous, que nous le sachions ou pas, en suspens. La longue marche du temps et la saisie du temps en son entièreté exigent de nous de la vaillance. Cherchant le point focal de la spirale et butant contre le déroulement de ses puissances, nous restons suspendus aux grandes instances qui continuent de vivre leur mort : la nature, dieu, l'homme, la société. Mais la mort possède son efficace, puissante.

316

Il y a également ce qui se tient en suspens qui se retire, disparaît, nous quitte résolument après avoir été à grand-peine juste pressenti, juste aperçu, quitte à réapparaître fugitivement un jour ou à ne pas réapparaître du tout.

317

Ce qui reste et restera en suspens, toujours questionné, ne

pouvant recevoir que des réponses énigmatiques, se déploie comme le centre aux forces centrifuges et centripètes de l'ensemble des renvois, centre éclaté, surmontant, dépassant, tout ce dont il « est » le centre, fuyant non pas vers quelque autre chose plus ou moins lointaine, mais demeurant dans son mouvement rythmant et rythmé comme temps. À travers toutes les transformations et les transfigurations, tous les changements, toutes les métamorphoses et les mutations, nous cherchons toujours un style.

318

Encore que le suspens soit immémorial, c'est à nous qu'il incombe de l'assumer pleinement, attentifs aux brisures à travers lesquelles se laisse apercevoir une part de l'inévitable. Si le déploiement de la pensée ne peut pas avoir lieu sans douleur et correspond à une douleur, puisque l'homme est comme suspendu entre ce qui est désolé et désolant et ce qu'il croit salutaire, son sort n'est pas de sombrer dans la souffrance, sans pourtant se braquer sur une issue. La sérénité à laquelle il peut parvenir n'est absolument pas lénifiante, la désinvolture pleine d'élégance qu'il peut être appelé à exercer ne l'isole pas. La sérénité est loin d'être irénique, puisque habitée aussi par les puissances polémiques, et la désinvolture est plongée jusqu'au cou dans ce qui nous concerne. Sérénité et désinvolture font vibrer tout ce qui pulse, exigent de la rigueur et de la vigueur non pas pour la fondation d'une assise mais pour que le rapport au centre de tous les rapports, si énigmatique, ne cesse d'être et de rester en suspens.

319

De même que l'amicalité est également rythmée par la combativité, ce qui domine n'arrivant pas à exclure ce qui est réservé, la contamination du « pur » par l'« impur » est inévitable. Les contraires ne sont même pas, à rigoureusement parler, des contraires ; ils fonctionnent ensemble, ajointés, ce qui n'empêche pas que ce qui tranche décisivement demeure en suspens.

320

Il y a bien des choses qui demeurent indécidées et sont peut-être indécidables en ce qui concerne la pensée. L'écheveau des limitations de la pensée relève de plusieurs ordres. L'extérieur de la pensée, son dehors ainsi que la non-pensée et les conditions de la pensée, bref la question d'où et comment procède la pensée, qui n'est jamais la pensée seule, reste difficile à poser et à exposer. Le non questionné se mue presque en non questionnable. Sans parler de la barrière entre la pensée (entendue comme le cerveau) et ce qui se donne à penser. Plus particulièrement et en ce qui concerne la pensée philosophique : ses différentes conditions ne déterminent pas le contenu des pensées, ni leur style. Elles les orientent pourtant, ce qui fait qu'il n'y a pas de pensée – la pensée tout entière ne s'identifie pas à la métaphysique – pure. Le chemin qu'ouvre et dans lequel s'engage une pensée n'est pas libre de toute présupposition. Aussi sommes-nous suspendus dans un vide trop plein, sans pour autant suspendre toute pensée.

321

Suspendue reste également la question de savoir si nous désirons, voulons vivre et survivre aux catastrophes, à supposer qu'une telle ardeur nous soit dévolue, ou si nous ne nous laissons pas glisser selon l'inclinaison de la plus forte pente, vaincus par notre lassitude aux mille ruses. La peur de la vie nous panique plus que la peur de la mort, ce qui veut dire que l'homme cherche à s'accaparer une énergie, finie.

322

Les sceptiques étaient encore trop timides quand ils demandaient la suspension du jugement. Une autre suspension, bien plus ample et profonde, nous requiert, sans nous faire sombrer dans le petit scepticisme. Car une pensée – *skepsis* – bien plus sûre dans son oscillation fait comprendre, assumer et surmonter le scepticisme sceptique.

323

Ce qui reste en suspens peut le rester parce que d'emblée il était en suspens, même dans l'espoir d'un avenir meilleur. Nous vivons, encore et incessamment, cet appel aux jours à venir qui ne seront pas, ni plus ni moins que les autres, exempts de suspens.

324

Même ce qui est ferme ou se donne comme tel tremble imperceptiblement, invisiblement. Il ne s'agit pas de supposer ce que l'on veut montrer, mais de voir ce qui s'annonce, se montre, est en train de disparaître et demeure au regard non exercé inapparent. Or, très souvent, ce qui se tient en suspens a tous les caractères de l'inapparent.

325

Comme le oui le plus ferme ou le non le plus résolu se révèlent impossibles, ce qui nous échoit en partage consiste en un dégagement, en un détachement. Toutefois le dégagement est engageant et engagé, le détachement attachant et attaché. Sauf si, à certains moments suprêmes, équivalents à l'« éternité », un dégagement, un détachement ultimes étaient rendus possibles. Au moins tant qu'il y aura de la temporalité.

326

Ce n'est pas en cours de route ou en fin de parcours que ce qui demeure en suspens se manifeste. Il est d'emblée là dès le commencement et c'est pourquoi il peut accompagner tout le parcours.

327

La marche de l'époque demande un constant aplatissement. Cet aplatissement va en progressant. Sa profondeur demeure cependant en suspens et n'ose pas affronter et approfondir sa propre nécessité.

328

Ce que l'on a désigné comme l'unité, l'antagonisme, la complémentarité, l'alternance ou l'ajointement des contraires, se trouve trop souvent hypostasié en quelque sorte ou relié quelque peu artificiellement. Il serait mieux de parler et d'éprouver la suspension des contraires : chacun d'eux suspendu à l'autre, eux-mêmes et leur rapport suspendus dans le mouvement qui à la fois les suspend et caractérise le mode de déploiement de la spirale. Cette manière de parler s'ouvre à l'horizon des choses, des dires et des gestes, s'ouvre encore plus à l'horizon comme horizon des limitations et s'efforce de surmonter résolument l'idée même d'horizon.

329

Se trouver lié au lien de tous les liens, viser le cœur pulsant de l'ensemble de tous les renvois, correspondre au centre vibrant du rapport entier demande une ténacité rythmique, pour pouvoir tenir ensemble, avec et malgré toute la fragmentation et toute la brisure, en oscillant, non pas pour parvenir à quelque chose, quelque totalité, quelque entité ou même le rien, mais pour nous accorder, toujours en suspens, à ce qui nous appelle, à ce qui peut rester sans nom, tout en étant le point de départ et le point d'arrivée de toutes les visées. Restant sans nom, il garde toute la puissance désinvolte de l'appel.

330

Les fondations et les fondements millénaires, historiques et historiaux, et dans la fusion et distinction de ces deux termes, métaphysiques ou passant pour naturels, sont tous travaillés du dedans, parfois très secrètement, par ce qui perceptiblement ou presque imperceptiblement les tient en suspens. L'inépuisable pressentiment qui est à l'œuvre s'en rend compte très tôt. Puis vient la cohorte des suiveurs.

331

En itinérant incessamment, nous souhaitons et redoutons à la fois de *passer outre*. Il n'y a donc jamais de décision résolue et absolue. Les ensembles bien ordonnés et hiérarchisés ayant fait leur temps, nous voici aux prises avec et dans les labyrinthes.

332

Depuis que nous sommes livrés à une enquête aux allures incertaines, depuis un certain temps au moins, « notre » langage périt sous le poids de termes affadis et notre production demeure sans style, l'aspiration à une métamorphose manque de souffle, les compromis et le règne des moyens termes empêchant la manifestation du grand questionnement altier qui ose maintenir en suspens, ce suspens n'étant pas étranger à la haute tenue de l'affirmation qui inclut aussi le contraire d'elle-même. Voici un entrelacs suprême.

333

Rien n'est jamais donné, ne constitue une donnée immédiate, chose qui serait d'ailleurs impossible. Ce qui chaque fois advient, important ou accidentel, ne vient pas tout simplement s'ajouter à un contenu existant. En advenant, il le modifie, ouvre une autre perspective. Ce qui s'offre vibre, ouvre chaque fois une expérience, intervient dans le cours habituel et le change. Ce qui est « devant » nous, vient aussi de nous, car nous sommes dans un rapport à lui, où pas plus que lui nous ne sommes privilégiés. Tout rapport est un mouvement réciproque et commun pris dans un bien plus vaste et profond mouvement. Ce qui s'offre et ce à quoi nous nous rapportons ne s'éprouvent qu'à travers tous les renvois, qui sont aussi ceux qui vont venir, à savoir ne cesse d'être et de demeurer en suspens. Un tableau de Picasso n'est jamais tout simplement là pour qu'avec distraction, jouissance, curiosité ou amateurisme, nous le regardions. Ce type de regard, fugitif ou érudit, interprétant esthétiquement et explorant les dédales de l'histoire de l'art où le tableau se situe, reste, pour habituel qu'il soit, à l'extérieur du tableau, devenu objet (artistique). Cependant le tableau *nous regarde* et ne rayonne que dans un rapport engagé, rapport mouvant. (C'est une question indécidable que de savoir où est et sera la place des œuvres d'art. Il n'est pas si évident que ce soit le musée. La question des sites devient de plus en plus une question indécidable.) Suspendus dans le vide et accrochés à l'échafaudage technicien, nous pourrions quant même faire preuve d'amicalité envers ce qui nous tient en suspens et envers nous-mêmes, êtres en suspens.

334

À ceux qui sont avertis de ce qui ne peut que demeurer en suspens et communiquent amicalement avec son secret, échoit une part d'illégalité, quelle que soit la reconnaissance dont ils puissent bénéficier. Aussi sont-ils obligés de s'engager dans des chemins de traverse. Leur enquête et leur quête ne sont pas anthropologiques. Elles visent le centre oscillant, constellé et constellant, le cœur invisible de l'ensemble de tous les renvois qui ne peuvent pas être ramenés à l'homme seul ou à la société humaine seule. Ce centre rayonnant implique la lumière ; cependant l'obscurité n'en est pas absente. Ce centre en question ne se situe pas quelque part, en un moment ou une époque du temps. En continuelle suspension, il « est » ce en quoi et à partir de qui s'unit et se différencie le nœud de tous les rapports qui impliquent l'homme et que l'homme explicite, repris par ce qu'il explicite. Quant à savoir ce qui meut l'homme perpétuellement décentré, excentré, et l'histoire universelle, la question ne peut que rester ouverte. Toute réponse se dérobe.

335

Le rythme de l'itinérance, synchronique et/ou diachronique, continu et/ou discontinu, arrache l'homme au chaque fois acquis et, plus fort que lui, commande son ouverture et le précipite dans des aventures qu'il souhaiterait peut-être éviter, l'empêchant en même temps de s'installer dans la quiétude. Ce rythme qui requiert l'homme ne peut pas se dérouler sans lui, mais ne peut pas être non plus réduit à lui.

336

Avec une insistance monomaniaque et une volonté d'arrêter le questionnement de la pensée, avec une tendance compulsive voulant à tout prix fixer les réponses, on continue à chercher la ou les causes capables d'expliquer unilatéralement tel ou tel phénomène, la ou les causes coupables d'un mal ou des maux. Aussi bloque-t-on et la recherche pensante et les réponses questionnantes. On se tranquillise et on tranquillise. Comme si l'entrée dans le labyrinthe des significations et son exploration n'étaient pas accordées à tout un chacun.

337

Tous les référents sont en crise, vacillent, n'offrent ni prise ni soutien, tous les sens gisent émiettés, pulvérisés. Pourtant il y a, dans le tremblement du sens, des référents qui résistent, comme il y a également des sens interdits et des directions à prendre. Le fictionnel lui-même se réfère à ce qu'il n'est pas.

338

L'humanité rêve trop et pas assez. Certes, les réalités produisent des rêves qui les produisent, mais les réalités sont fissurées et les rêves restent non engageants. Cela continue de lier les rêves et les rêveurs, éveillant à l'état des choses existant mais ne les libérant pas dans la direction d'un mouvement qui vibrerait vers un centre énigmatique.

339

La parole, l'écriture, le geste, bref, le style de la pensée allant au-delà de la philosophie, de la métaphysique et de la pensée de survol ou étroitement et unilatéralement engagée ne peut que connaître une mue. La pensée en question et en suspens doit tout faire pour ne pas s'hypostasier et ne pas renoncer. Agissante, mais non pas toute-puissante ou immédiatement effective, poétique mais non vaticinante, intense et sereine tout à la fois, elle est obligée de prendre en compte – et de pouvoir en rendre compte – les situations extrêmement douloureuses qui ne cessent, elles non plus, d'advenir et qui ont pour nom : faim et tortures, répression, prisons et exterminations, morts sans phrases ou même avec. Mourants et morts de tous bords demandent l'accès à la parole, car eux aussi sont en suspens.

340

Aussi visible – dans l'abîme de l'invisible – et aussi prévisible que puisse être ce qui advient, il ne cesse pour autant d'être et de rester en suspens, dans toutes les affirmations et toutes les négations et dans ses modalités et dans son entièreté, c'est-à-dire sur tous les plans, souvent contradictoires, où nous parlons, pâtissons et agissons et sur *le* plan de tous les enjeux.

341

Depuis les temps immémoriaux, sans le savoir ou sciemment, l'humanité cherche le secret de l'« être » et l'enjeu du « devenir ». Des maîtres-mots agissants furent prononcés et suivirent leur cours. L'advenir lui-même ne peut pas être surplombé ni dans le présent ni dans le futur. Il provoque et inclut questions et réponses, interprétations et actions qui restent toutes en suspens. Elles s'inscrivent dans le *jeu* du *monde* qui nous outrepasse et connaît des métamorphoses ; elles marquent le *jeu* du *temps* qui ne cesse de les marquer.

342

En suspens, avec et malgré toutes les affirmations majeures, demeurent donc à la fois ce qui s'approche, le non-dit et le secret du vide, alors que le dire et agir et ce qui ne nous quitte pas sont aux prises avec le quotidien et le transquotidien, et qu'aucune fiction ne pourra faire que ce qui advient ne soit et ne reste en suspens.

Achevé d'imprimer en mars 2009
sur les presses de l'imprimerie Chirat
42540 St-Just-La-Pendue,
pour le compte des Éditions Les Belles Lettres
collection « encre marine »
selon une maquette fournie par leurs soins.
Dépôt légal : mars 2009 - N° 4538
ISBN : 978-2-35088-011-2

catalogue disponible sur :
http : //www.encre-marine.com

Du même auteur

Essais philosophiques (en grec, Athènes, Éditions Papazissis, 1952)
Marx penseur de la technique (Paris, Éditions de Minuit, 1961)
Héraclite et la philosophie (Éditions de Minuit, 1962)
Vers la pensée planétaire (Éditions de Minuit, 1964)
Einführung in ein künftiges Denken (Tübingen, Niemeyer, 1966)
Le Jeu du monde (Éditions de Minuit, 1969)
Arguments d'une recherche (Éditions de Minuit, 1969)
Pour une éthique problématique (Éditions de Minuit, 1972)
Entretiens (Montpellier, Fata Morgana, 1973)
Horizons du monde (Éditions de Minuit, 1974)
Contribution à la logique (Éditions de Minuit, 1977)
Problèmes de l'enjeu (Éditions de Minuit, 1979)
Systématique ouverte (Éditions de Minuit, 1984)
Métamorphoses (Éditions de Minuit, 1991)
Tiré de l'atelier de la pensée (en grec, Athènes, Hestia, 1992)
Pourquoi penser ? Que faire ? (en grec, Athènes, Nepheli, 1993)
Lettres à un jeune penseur (Éditions de Minuit, 1996)
Notices « autobiographiques » (Éditions de Minuit, 1997)
Ce Questionnement (Éditions de Minuit, 2001)
L'Époque et l'enjeu suprême (en grec, Athènes, Nepheli, 2002)
Réponses énigmatiques (Éditions de Minuit, 2005)